COM
MUNI
CATI
ON ＋社会学

相手も自分も
大切にする
コミュニケーション

吉井奈々
解説 鈴木健之

晃洋書房

はじめに

◆コミュニケーションは苦手で当たり前です。

なぜなら学生時代に教わって来なかったから。

いまの学校ではコミュニケーションを学ぶ時間を作っている学校も出てきていますが、私が学生時代にはコミュニケーションを学校で学ぶということはありませんでした。

だから人間関係で悩み、人との距離感で悩み、コミュニケーションで悩むんです。ですから、コミュニケーション苦手という方は安心して下さい。教わって来なかったから苦手なだけなんです。

しかし、学生の頃からコミュニケーション能力に長けていてクラスの人気者になる人もいます。それは、生まれ持って歌が上手い子、絵が上手い子、足が早い子、運動神経が良い子、そういう感じで【コミュニケーションが上手い子】というだけなんです。もともとの素質は確かにあります。

ただ、子どもの頃は苦手なことでも、ちゃんと教わって、練習すれば、必ず成長はします。必ず効果は出ます。

歌が苦手な人も、ちゃんとボイストレーニングに通って練習すると、歌手として食べていくのは難しいかもしれないけれど、ちゃんと歌は上手くなります。野球やスポーツも同じですよね。プロとしてのレベルに行くためには、それ相応の努力が必要ですが、練習や努力はちゃんと能力になり、成長できます。

コミュニケーションも同じなんです。
スポーツや歌、絵や書道、英会話と同じです。
知識として【学ぶ】だけでは何も変わりません。
でも実際に取り組んでみて、身体を使って、言葉に出して、繰り返し行えば、誰にでもコミュニケーションは身に付きます。

コミュニケーションは【向き】【不向き】やセンスの差ではなく、取り組んだ時間。その差がコミュニケーション力の差になります。

ですから、本書を【読む】だけで終わらせないでほしいんです。ぜひ、【実践】してみてください。この変化を体験してみてほしいんです。

◆なぜ私がここまで自信を持って言えるのか

現在、私は「コミュニケーション講師」として企業研修や講演会、また大学や高校、中学校で生徒や教員、PTAに向けてのコミュニケーションのレクチャー、テレビや雑誌を通じて数多くの人達の悩み相談にも乗っています。
結婚をするまでは10代の頃から水商売、ショービジネスの経営にも携わっていました。新宿2丁目を中心として数多くの素晴らしい先輩やユニークなお客様、クライアントと経験を共にできたのも、今になっては人の縁や運に恵まれたおかげだと信じています。

私の経歴やプロフィールを紹介して頂くと「奈々さんはもともとコミュニケーションが得意で、話すのも上手だったんだろう」と思われがちですが、

実は私は、もともとコミュニケーションが得意だったわけではないんです。むしろ苦手でした。
お客様に喜んで頂くことができず、気の利いたトークもできず、悔しくて独りで泣いたこともありました。

「私にできることはなんだろう？」
どうしたら喜んで頂けるんだろう？

私はそれだけを考えて、研究して、分析して、勉強して、行動して、実践してきました。
そうすると、コミュニケーションで私の人生が変わったんです。

ダメダメ尽くしだった私が、コミュニケーションだけで人から求められるようになり、人間関係の悩みも減り、仕事も良い流れに乗れて、次々と新しい依頼が増えました。そしてなんと、結婚もできました！
そう、コミュニケーションだけで私は【幸せ】になれたんです。

本書に書いてある内容は、私が実際にやってきた内容です。今でも日常心がけていることを本書に凝縮させて頂きました。
ですから、この本は「吉井奈々の作り方」でもあるんです！

だからといって「吉井奈々だからできたやり方」ではありません。皆さんが今日から実践できるように構築し直して、構成してあります。

今までは「どうやったら奈々さんみたいになれますか？」と聞かれると「スクールやセミナーに来てね♪」と案内していたのですが、この本にスクールで伝えている内容をかなり詰めてしまったから、スクールに案内できなくなるわ､､､どうしましょう。笑

と、数秒考えましたが、でも本を読んだら私に会いたくなるハズ！　そして今伝えたいことは全て詰め込んだけれど、本が出たらまた新しく伝えたいことが溢れ出てくるハズ！　という考えに至り、もったいぶらず全てを出し尽くす本を作りました。

本書では文字だけでなく、動画でも学べるように、各コンテンツに動画（YouTube）の URL をリンクした QR コードも付けました。
ぜひ視聴してみて下さい♪

◆解説・鈴木健之先生との繋がり

本書は私だけの視点ではなく、私の共同研究者であり、私に講師としての道を作ってくれた恩人でもあり、親友でもある鈴木健之先生［社会学教授］に解説して頂いてます。

鈴木先生と出会ってもう10年。私のホームページから講演依頼の連絡を頂いたのがはじまりでした。初の打ち合わせから意気投合し、盛岡大学から現在の立正大学まで多くの大学でご一緒させて頂きました。

鈴木先生との出会いが無かったら、今の私の講師人生は無かったと言っても過言ではありません。

私に講師としての楽しさを教えてくれたのも、社会学の楽しさを教えてくれたのも、鈴木先生です。
また、今回の出版にあたりサポートしていただいた晃洋書房の阪口幸祐さん、素敵なイラストを描いてくれた内田智穂さん、そして私のアシスタントをいつもしてくれている中島亜矢子さん、素敵なオビ文を寄せていただいた高野登さん。皆様の支えがあってこの本は誕生しました。本当にありがとうございます。心より御礼申し上げます。

◆コミュニケーションで日常を変えよう

改めてもう一度言います。
本書の内容を、読むだけでは変わりません。本の内容もどこかで聞いたことの

ある内容、知ってる内容もあるかもしれません。
では、その「知ってる」を「日常で出来てるかな？」と自分に問いかけながら進めて下さい。

続けて実践することで、仕事でも、人との関係においても、間違いなくいい方向へ「つながり」が生まれます。
それが、相手も自分も大切にするコミュニケーションです。

多くの人がコミュニケーションに対しての恐れや不安から解き放たれ、自分の想いを伝えて、相手と繋がれる幸せな体験をしてもらうことが、この本に込められた願いです。

あなたの人生は、あなたの選択でできています。
あなたの選択する言葉で、未来は作られます。

「繋がる喜び」を、ぜひ手にして下さい。

吉井奈々

イントロダクション

解説　鈴木健之

「コミュニケーション社会学」の始まりです。
社会学では、社会の最小単位は何かということから議論が始まります。何でしょう？

社会学者 G. H. ミードは「あなたとわたし」がいればそれはもう「社会」だと言っています。
その「あなたとわたし」をつなげる、それがコミュニケーションです。

社会学は「あなたとわたしをつなげるもの」として、4つの〈メディア〉を挙げます。

金（経済）・力（政治）・信頼（社会）・価値（文化）、これら4つのメディアが人と人とを結びつけ、社会というシステムにおいて、循環する、というわけです。

世の中はお金と力を持つものが幅を利かせています。
お金と力がすべてという風にも見えます。
お金を持っているものが、力を持っているものが、財力と権力に物を言わせ、持たざるものを支配する。これが現実のように見えます。
しかし、社会学者 T. パーソンズは言うのです。こうしたお金や力によって結びつく関係は強大だが、長続きはしないと。利害や利権（損得勘定）で結びつく関係は強力なように見えて、実はもろくはかないものなのです。

あなたとわたし、ここから社会学が始まります。
お金でもなく、力でもなく、社会学で大切にしているメディアは【信頼】ということになります。
あなたとわたし、人と人とが信頼でつながる。そこに社会が始まる。
つまりそれがコミュニケーションです。
そしてそれを社会学は研究するというわけです。

でも、この信頼をぐらつかせてしまうメディアがあります。何でしょうか？
時と場合によっては、信頼よりも強力なメディア。

そう、【金（経済）】です。働く会社を選ぶ条件、結婚相手を選ぶ条件、人間関係の信頼をぐらつかせる強力なメディアが〈お金〉なのです。

「金の切れ目が縁の切れ目」、これは真理です。
いくら【信頼】のコミュニケーションがとれていても、お金をめぐって信頼関係が崩れることがあります。

そして、もう一つの信頼をぐらつかせてしまうメディアが【力（政治）】です。

力というメディアによって人と人とが結びつく関係を、政治的社会関係とパーソンズは呼んでいますが、わかりやすく言うと、〈決定する〉という力です。

例えば会社組織には【上司】と【部下】という関係があります。
【上司】は決定しなくてはいけません、リーダーシップはとても大切です。
上司と部下の双方向のコミュニケーションがとれている場合には【信頼】が生まれますが、それが【力】として【支配される】という一方的な関係性の場合には信頼関係とはいえません。

◆◆◆◆

それでは、逆に【信頼】をより強くするメディアとは何でしょうか？

これが【価値（文化）】というメディアなのです。
例えば、二人の目指す目標が同じであれば、二人の関係は強いものになり、目標が達成されるまで関係は続いていくことでしょう。

例えば婚姻という制度。
両者が「死ぬまで一緒だよ」「離婚しない夫婦でいよう」ということを【価値】として共有していると、それが目標となり婚姻関係を続かせるための糧になります。
しかし片方が「いつでも離婚しても良い」という価値をもっていたら、その二人の関係性は長続きしにくくなります。

会社や組織、社会も同じです。
【社会のルール】や【国の法律】を守ること、共有することで【信頼】も生まれます。
そして【価値】は個人レベルでも存在します。
それが価値観です。お互いの価値の違い、価値観の【違い】を知って、その違いを尊重する。

それが「わたしとあなた」のコミュニケーションで最も大切なことです。
それが【信頼】につながります。

みなさん、奈々さんのコミュニケーション講座を通して今・ここを見つめなおしてみてください。大切な人としっかり向き合っているかどうかを。

CONTENTS

はじめに
イントロダクション

1章 コミュニケーション基礎編
―― 日常を変える ―― 　　01

1-01	マイナスゾーンの日常からプラスゾーンの日常へ	02
1-02	新しい自分は作れる	07
1-03	【自己肯定感】の次は【自己効力感】両方あれば鬼に金棒	10
1-04	楽な生活ではなく楽しい生活を	16
1-05	感情表現を豊かにしよう	20
1-06	魔法のコトバ	23
1-07	喜びは表現すると価値になる	27

鈴木先生のレクチャー1　心理学と社会学の違い　　33
鈴木先生のレクチャー2　日常生活（everyday life）　　33
鈴木先生のレクチャー3　承　認　　35
鈴木先生のレクチャー4　感　情　　36

2章 相手とのコミュニケーション　　39

2-01	最高に喜ばれる記憶のプレゼント	40
2-02	相手も輝かせるプレゼント	44
2-03	頼ることはプレゼント	50
2-04	お願いもプレゼントになる	53

2-05	わがままもプレゼント	57
2-06	信じて待つ・悩ませてあげることもプレゼント	61
2-07	相手以上に感情表現をしてあげる	64
2-08	距離感は自分へのプレゼント	67

鈴木先生のレクチャー5　信頼（trust）・愛（love） ……… 76
鈴木先生のレクチャー6　役割・役割言葉 ……… 77

3章 男心と女心のカンチガイ　79

3-01	自分と相手は同じ考え方ではない ──考え方・感じ方・違いを知ろう──	80
3-02	男心タイプ・女心タイプの違い	84
3-03	男心タイプは【解決・結果・未来】 女心タイプは【共感・過程・今】	86
3-04	男心タイプはデータが好きで納得したい 女心タイプは五感で感じてときめきたい	88
3-05	男心タイプさんをヒーローに 女心タイプさんをプリンセスにしてあげよう	90
3-06	男心は成長、女心は変身	92
3-07	男心タイプの会話と女心タイプの会話の違い	96
3-08	男心タイプには質問・説明・解決策を 女心タイプには承認・あいづち・共感を	99
3-09	「違い」を知った上で、あなたはあなたのままでいい	104

鈴木先生のレクチャー7　ジェンダー（gender）・セクシュアリティ（sexuality） 109
鈴木先生のレクチャー8　パターン変数（pattern variables） 110
鈴木先生のレクチャー9　文化の対称性 ……… 112

4章 自分とのコミュニケーション　　　115

- 4-01 頑張り屋さんで、真面目で、責任感が強い人へ……116
- 4-02 コンプレックスは最大の魅力になる……120
- 4-03 人はみんな違う魅力でいい・変でいい・変わってていい……123
- 4-04 色々な顔の自分がいてていい……127
- 4-05 「マネ」すれば「マネ」するほど、自分らしくなる……132
- 4-06 幸せほめほめワーク……138
- 4-07 有意識　無意識……143
- 4-08 いっぱい失敗しよう……146
  ──失敗してもあなたの魅力は変わらない　むしろ輝く──

鈴木先生のレクチャー10　自己（self）……151
鈴木先生のレクチャー11　セルフ・アイデンティティ（self-identity）……152

おわりに～言葉はプレゼント～……155
文献案内……159

Chapter 1

コミュニケーション基礎編
―日常を変える―

1-01 マイナスゾーンの日常から プラスゾーンの日常へ

関連動画→

まず、下の画像を見てください。上をプラスゾーン、下をマイナスゾーンとします。ここでは、今の自分はどちらゾーンに居るのかな？ そして、日常をどんな波（リズム）で生活しているかな？ ということをお話していきます。
パターンは3つ。

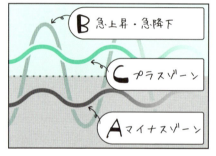

Aのマイナスゾーンの日常。
Bの急上昇、急降下の日常。
Cのプラスゾーンの日常。

まずAのマイナスゾーンの日常は、**【〇（マル）と×（バツ）の日常】**なんです。マイナスゾーンにも波はちゃんとありますから、良いことがある、なにか成功したら〇。悪いことや失敗をすると×をつけてしまうんです。そしていつもどこかで不安や悩みを抱えていて、イライラしたり、嫉妬、拗ね、落ち込むことの多い日常なんです。

素敵な人と出会ったり、素敵な言葉や可能性やチャンスをプレゼントされても「あの人が特別なだけで、どうせ私なんかには無理だよ」「あぁ羨ましい、妬ましい、あの人ばっかりズルい」「こんなことしても私なんかじゃ無駄だよね」と、言葉のプレゼントや可能性を捨てちゃいます。そして自分で捨てたにもかかわらず、捨てたことも後悔し、自暴自棄、自分を責めて悩み続けて、嫉妬や

拗ねからプラスゾーンの相手を攻撃したりします（本人には攻撃しているという意識はありません）。

マイナスゾーンにいると、「不安や悩みは無いほうがいい。不安や悩みを失くしたい。ポジティブであるべき！ ポジティブにならねば！」という呪いを自分にかけてしまい、ポジティブに考えられない自分を責める負のループで苦しむことになります。またプラスゾーンの人に攻撃をすることもあります。マイナスゾーンの人から攻撃された時の対処法は、2-08 の「距離感は自分へのプレゼント」で詳しくお話ししますね。

そして、次のＢは【急上昇、急降下の日常】です。
「最近良いことないなー、つまんないなー、辛いなー」というマイナスゾーンの状態から、「よし！ セミナーに行こう！ 奈々先生に会いに行こう！」と、行動して自分をプラスゾーンに持っていきます。セミナーに行ったり、講演に行ったり、自己啓発の本を読ん

だりすると、その時間、その瞬間は一気にプラスゾーンに急上昇します。マイナスゾーンからプラスゾーンに急上昇させるためには、セミナーや講演、スクールなどに足を運んで講師のプラスエネルギーを吸収するのが一番手っ取り早く、確実な方法です。

しかしその後、仕事や家事に追われる日常に戻ると一気にまたマイナスゾーンに急降下してしまったりするんです。「あれー？ ○○先生に会っている時や、セミナー後はモチベーション最高だったのに、なんでだろう？ やっぱり自分がダメだからなのかなー？」と、むしろ自信を無くしてしまう人もいます。この急上昇急降下の繰り返しはとても疲れます。

しかし、急上昇した時の高揚感、満足感、達成感はとても刺激的でとても気持ちいいので、その刺激的な急上昇を求めます。急降下は逆で辛いハズなのですが、急降下の時の罪悪感、背徳感はそれもそれで癖になるものなんです。ネガティブな考え方というのは性格ではありません。ネガティブは「癖」です。「カサブタを取ったらまた血が出るのに取りたい！」とか「ニキビを潰しても良いことなんて無いのに潰したい！」といった感じに近いかもしれません。

自分を責める行為はある種の快楽でもあり、癖になりやすいため、この急上昇急降下の日常が癖になってしまっている方が多いんです。

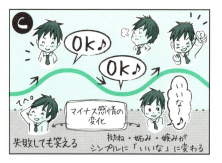

Cのプラスゾーンの日常。これは【オールOKの日常】なんです。

成功してもOK！失敗してもOK！成長してもOK！悩んでもOK！○×ではなくオールOK！の日常です。

波はあります。でも、その波を否定したりしません。プラスゾーンの中で上がったり下がったりする波に乗るんです。

プラスゾーンの状態に居ると、マイナスゾーンの状態に居る人と同じ現象が起きても捉え方、感じ方、受け取り方、モノの見え方が変わります。

例えば、先ほどマイナスゾーンの紹介で出た「やっぱり失敗した。あの人が特別なだけで、どうせ私なんかには無理だよ」というコトが起きたとしても、プラスゾーンに居る人は「失敗しちゃった。成功はできなかったけど成長できたし、失敗から多くの学びもあった♪ やったー♪ よーし、またチャレンジしてみよう♪」というような前向きな捉え方に【勝手に】なります。

気分やモチベーションが下がる現象があっても、下がる波があることもわかっているので、「お！ 下がる波が来た！ よしよし、そうかそうか、そういう時

期なんだ、ま、いっか」と思えたり、「今が下がる波ということは、今まではちゃんと上がっていたんだ。よしよし、また次は上るぞー♪」とか「おぉ！ 今回は少し大きな悩みも出てきたのか、よしよし可愛いヤツめ♪ しょうがないなぁ♪ そんな時もあるよねー♪」というように不安や悩みともうまく付き合うことが出来ます。

A，B，Cの状態があることを知ると、「プラスゾーンのMAX状態をキープすればいいんじゃない？ 波はいらない。」と思うかもしれませんよね？ でもね、それはあり得ないんです。どんな幸せな人でも、どんな素敵な人でも、必ず波はあります。幸せでも必ず悩むし、幸せでも不安はあります。
理想としてほしいのは、波をプラスゾーンの中に収めるということ。そうすれば、日常の中で失敗してしまったり、心がざわざわするようなことがあっても「私はダメなんだ……」と落ち込みすぎたり自己否定するのではなくて、「良い経験になったな」と自然に**「失敗＝成長」にポジティブ変換**できるようになります。

では、どうやってプラスゾーンの日常を手に入れるか。
それは、あなたが**自分でプラスゾーンの日常で居よう！ と【選択】**するだけです。ほんの少しの覚悟はいります。だって全てにOK出すのは怖いからね。独身でもOK！ できない自分でもOK！ こんな人生でもOK！ 新しいことにチャレンジして大失敗してもOK！ コミュニケーションの勉強したくてこの本買って、書いてある通りやってみたのになかなかうまくいかない自分にもOK！
ね、ザワザワするでしょ。だから、ほんの少しの覚悟と勇気は必要です。マイナスゾーンのほうが「楽（らく）」かもしれません。言い訳もできるし、人のせいにできるしね。でも、プラスゾーンは「楽しい」よ♪

ほんの少しの覚悟と勇気でプラスゾーンの日常を心がける。その心がけが一番大切です。あ！ 今マイナスゾーンに居るな！ と思ったら「よし！ 今マイナスゾーンに居ることに気づけたぞ！ 私偉い♪ よーしあとはプラスゾーンに戻るだけ♪」と意識する。選択する。

そして、プラスゾーンに昇るためのプラススイッチをいくつか用意しとくと良いですね。プラススイッチの作り方は、この本の随所に書かれています。自分のやりやすいポイント、実践しやすいワークやコンテンツを探してみてください。

どうしてもプラスゾーンに行けない！ という方に必殺技を教えます♪
その必殺技は【思考は他力！ 行動は自力！】です。
自分の憧れているプラスゾーンの人を探して、あなたの心の中で勝手にメンターに設定しましょう。そのメンターの考え方、行動などを思い出してマネしちゃうんです。

人が迷うのは自分１人で考えているからです。迷った時はメンターを頭の中に呼び出しましょう。部門別で３人くらい任命しているといいですね。そして「メンターの〇〇さん！ 私はいまＡとＢで迷っています！ どちらを選べばいいですか？」と頭の中で聞いてみると「Ａだよ〜♪」とそのメンターは迷わずあなたを導いてくれるでしょう。そうすると迷わなくなります。考えずに、迷わずにすぐに動ける方法。それが【思考は他力！ 行動は自力！】です♪
これがプラスゾーンへの近道です。

マネから学ぶ、マネして成長することについては 4-05 の「『マネ』すれば『マネ』するほど、自分らしくなる」で詳しくお話ししますね。

> **あなたのゾーンをチェック**
> □ 新しいことにチャレンジするのが苦手
> □ 失敗するのが怖い
> □ 失敗すると自分を攻めてしまう
> □ セミナーの時は楽しかったのにセミナーの１週間後、
> 　変われていない自分にガッカリする
> □ 素晴らしい先生の高額スクールに行けば変えてもらえると
> 　思っている
>
> これに１つでも当てはまったらマイナスゾーンの可能性が！

> **鈴木先生の解説**
> ●日常＝日常生活、これをつまらないものにしてしまうも、楽しいものにするのも自分次第です。社会が変わらなくても、自分の視点や出来事の受け取り方次第で、自分にとっての社会は変わります。視点を変えてみること。相対化すること。これが社会学です。

1-02 新しい自分は作れる

関連動画→

自分の可能性をちゃんと信じられていますか？ あなたの将来、未来は可能性だらけです。未来の可能性に過去は関係ありません。過去に辛いことがいっぱいあっても、今、悩みや不安がいっぱいあっても、大丈夫。未来はこれから作ることができます。

そのために**「自分の可能性を100％信じる」**ということを忘れないでください。

「私なんてどうせ変わらないし」ということを100％信じている人は、どんな本を読もうと、どんな高額のセミナーに行こうと、残念ながら100％変わりません。そして可能性を信じることに【根拠】はいりません。
【根拠のない思いこみ】が大切です。
ワクワクする。夢を持つ。それは、なんとなくからでいいんです。「私には〇〇の可能性がある！」「私なら〇〇は絶対に叶えられる！」という明確な夢や目標がある方はそれを信じて欲しい。
明確でなくてもいいんです。
「私にも何かの可能性はあるよね♪」くらい抽象的でいいんです。

第1章 コミュニケーション基礎編

では下にあるビフォーとアフターの枠でワークをしてみましょう。

※ノートや白い紙に 2 つの枠を書いても OK です。

まず、ビフォーの枠には【過去、今まで、現状、現在】の自分マイナスの特徴やマイナスのセルフイメージを書いてください。

例えば、大切にされなかった、怒りっぽい、貧乏だった、〇〇依存だった、自信がない、いじめられる、愛されない、などなど。

そして、アフターの枠には【未来の自分のセルフイメージ】を書いて下さい。

これから出会う人、過去の自分を知らない人にはどんなイメージで見られたいかな？　ということをイメージしてみて下さいね。

例えば、大切にされる、上品、自信に満ち溢れている、人気者、賢い、優しい、オシャレな人、などなど【根拠】は気にせず自由に書いてください。

このアフターは、近い将来でもいいし、遠い将来でもいいんです。明日会う人にはどんな風に見られたいかな？　10年後の自分はどんな風になっていたいかな？

書けましたか？

私の場合、このビフォーには、話が下手、頭が悪い、ブス、お調子者、下品、ガサツ、ということを書いていました。
そして、アフターには、上品、エレガント、マダム、着物が似合う、大和撫子、女性らしい、インテリジェンス、良妻賢母、チャーミーグ○ーンのような夫婦、ということを書いていました。

いまの私を知っている人は、このビフォーを聞くと「え⁉ そんな過去があったとは思えない！」と言われます。とても嬉しいことに「アフターに書かれているイメージが今の奈々先生ですよ」と言われることがとても多いです。

そして、ビフォーの私を知っている人からは「昔の奈々からは想像もできないくらい変わったよね」とよく言われます。私が変われたのは、**どんな時でも自分の可能性を100％信じていたから**。ビフォーとアフターはリンクしなくていいんです。全然違う自分になっちゃっていいんです。

そして、このアフターに書いた内容。少しだけ勇気を出して友人やパートナーに見せちゃって下さい。
「え⁉ もぉアフターになってるよ？」という答えが返ってくると思います。もちろん全ての項目ではないかもしれない。でもそうなれるいくつかの要素はもう持っている。そう！ もうなっているんです。
自分だけは「まだまだ」と思っているのかもしれない。
「こうなりたい」と言葉にした、その**言葉が自分の未来を作ります**。

　　　自分が食べた物が【身体】を作ります。
　　　自分の聴いた言葉が【心】を作ります。
　　　自分の話した言葉が【未来】を作ります。

第1章　コミュニケーション基礎編

鈴木先生の解説

●未来は完全に開かれています。可能性しかありません。「なりたい自分（になるために）」という目標（目的）を定めます。それを言葉にすること＝「客観化」することが何よりも大切です。思っているだけではだめ（主観化された世界）。思っていることは、言葉にしてみる。なりたい自分も言葉にしてみる。言葉にすることで、それが目標になります。その目標（目的）を達成するために必要なのが手段です。その目標達成のための手段がここに書かれてあります。「すべての行為は手段と目的に結びついている」。これは社会学者マックス・ウェーバーの言葉です。

1-03 【自己肯定感】の次は【自己効力感】 両方あれば鬼に金棒

関連動画→

【自己肯定感】という言葉、聞いたことある人も多いと思います。
【自己肯定感】と【自己効力感】は言葉が似ているので少し説明しておきます。

【自己肯定感】というのは「私は何があっても素晴らしい存在だ」という感覚のことをいいます。「仕事をしていなくても私は存在しているだけで価値がある」「私は素晴らしい。私には価値がある」という感覚ですね。

これはとても大切です。必ずあった方がいいですね。

対して**【自己効力感】**は「自分ならきっとできる！」というセルフイメージを持った状態です。

スポーツで言えば「自分はきっとこの試合で目標を達成させることができる」と思えること。

イメージしやすいように4つの組み合わせでセリフにしてみますね。

1◆　自己肯定感【×】＆自己効力感【×】

「僕はスポーツに自信がない、だから運動会でもどうせみんなの足を引っ張るんだ」

2◆　自己肯定感【×】＆自己効力感【〇】

「僕はスポーツに自信がないけれど、いつもなぜか上手くいく。運動会でもみんなの役に立てるに違いない！」

3◆　自己肯定感【〇】＆自己効力感【×】

「僕はスポーツが得意だ、運動神経がいい♪　でもいつもみんなの足を引っ張ってしまう。運動会でも失敗するだろう」

4◆　自己肯定感【〇】＆自己効力感【〇】

「僕はスポーツが得意だ、運動神経がいい♪　だから運動会でもみんなの役に立てるに違いない！」

似ているけれど違うんですね。自己効力感は目標達成側なんです。感覚としては被っている部分もありますが言葉としては違いがありますね。

自己効力感の低い人は、「どうせ失敗する」「私には向いていない」と考えてしまうため、やる気が湧かなかったりすぐに諦めてしまうので、良い結果に結びつきづらいことがあります。

反対に自己効力感が高い人は、「私ならできる！」「根拠はないけど、できそうな気がする」と考えるので、やる気が湧き行動力が高まります。また、ポジティブに物事を捉えることができるので、失敗したとしてもそれを学びに変えることができ、良い結果に繋げることができるんです。

この本を手にして頂いた方はもう自己効力感はちゃんとあります。安心してくださいね。自己効力感のない人は【学び】や【成長】を求めません。
「変わりたいな」「私にも可能性があるハズだ」と思えているのがその証拠ですね。

では自己効力感をもっと高めるためにはどうしたらいいか？
それにはこの３つが大切です。

1つ目は【自己承認】です。
自分を認めてあげる。自分に許可を与える。自分に優しくなる。これについてはとても大事なことなので、4章の「自分とのコミュニケーション」で詳しく説明しますね。

2つ目は【他者からの承認】です。
「すごいですね。」「素敵ですね。」人から褒められることってありますよね。その褒め言葉をちゃんと受け取ることが大事です。せっかく褒めてもらったのに「いいえ、そんなことないです。」と言っていませんか？ 他者からの承認を受けとらないというのは、自分の良さを否定しているということです。これはもったいない！ 遠慮しなくていいんです。褒めてもらった、認めてもらったときは、その言葉を素直に受け取っちゃいましょう！

そして3つ目は【他者を承認する】。
ん？ なんで？ 自分の自己効力感を高めたいのに他者を承認？ と思うかもしれません。
1つ目の【自己承認】はわかりやすい、イメージしやすいですよね。
そして2つ目の【他者からの承認】もわかりやすいですよね。人から「あなたならできるよ！」と言われたら自己効力感が高まりそうですよね。
そしてこの3つ目は、他の人に「あなたはできるよ！」と言うと自分の自己効力感が高くなる。というお話です。

実はこの【他者を承認する】がとても効果的なんです。

　　「〇〇さんなら絶対にできるよ！」
　　「〇〇さんはいつも一生懸命で素敵だね♪」

こうして相手を承認して、褒めることで相手からは【笑顔】が返ってきます。
そして【他者を承認】した瞬間に【他者からの承認】が返ってきます。そうす

第1章　コミュニケーション基礎編

ると自分で自分を褒めてあげられる。【自己承認】に繋がって自信が生まれてきます。そうするとまた誰かを承認したくなる。他者を承認することで、良い流れができ、笑顔が循環するんです。

私はこの流れを10代の頃。接客業、水商売の時に毎日のように経験できました。昔の私は、自分に自信がありませんでした。学校に行かないで夜の世界に飛び込んだので知識は無い、面白い話もできない、美しくない、可愛くない、踊れない、歌えない、特に目立った魅力も無いと思い込んでいました。

しかし、仕事は接客業、お客様に楽しんで頂くのが仕事です。なので自分のことは置いといてどんどんお客様を褒め続けました。
「いーなー」という妬みや嫉み、拗ねもありましたが、まずは目の前の仕事。目の前のお客様を笑顔にしたいからどんどん褒める！ 褒める！ 褒める！

　　「○○さんは歌が上手いですね〜♪」
　　「○○さんのお話がすっごく面白くて、私が楽しませてもらっちゃった♪」
　　「○○さんの知識はスゴイっ！ 勉強になりますー♪」

面白い話ができない、美しくもないダメダメな私は、あっさり「できない自分」を認めて、相手を喜ばせることだけに集中しました。そうすると、お客様から笑顔と喜びの言葉がプレゼントされるようになったんです。

　　「奈々に会いに来たよ」
　　「奈々に会うと元気になるんだよ」
　　「素敵な社長さんを連れてきたよ。奈々に紹介したかったんだ」

ビックリしました。嬉しくて、嬉しくて、楽屋で泣きました。いや、お客様の席でも嬉しくて泣きました。
それから、自分に自信がついてきて、「私にもできることがある」「私って実は

素敵なのかも」「私には価値があるんだ」という自己承認に繋がり、【自己効力感】と【自己肯定感】が両方一気に高まりました。

10代の私にはこの経験が大きな財産となり、今の自分の原点だと思っています。

　「自分を承認する」
　「他者からの承認を受け取る」
　「他者を承認する」

この３つを実践することで、自己肯定感と自己効力感の両方を高めることができます。これは自分に自信のない人、自己肯定感、自己効力感を高めたい人にものすごくオススメします♪　アフターの自分を、今の自分だと思い込んじゃって下さい。
「私ってこんな風に変わっちゃっていいんだー♪」
「私がこんな風に思われちゃっていいんだー♪」

はい。いいんですよーーー♪

カンチガイは大切です。良いカンチガイをしていると、それが今は【虚】だったとしても、言い続けていると【実】に変わってしまいます。
過去は未来の足枷になりません。 素敵な未来の自分を想像してみてくださいね。

> **鈴木先生の解説**
>
> ●自分（自己）と他者は社会学の重要概念です。自己と他者とがつながることを「コミュニケーション」と呼びます。自信ややる気は一人では作りにくく、他者や社会との関わりの中で作られていきます。まずは、他者を承認することから始めましょう。

第1章　コミュニケーション基礎編

1-04 楽な生活ではなく楽しい生活を

関連動画→

あなたは「楽」な人生と、「楽しい」人生、どちらを選択しますか？

　奈々先生はいつも綺麗にしていて、努力してますよね。
　奈々先生はいつも笑顔で元気で、疲れませんか？

一年に何回かは聞かれることがある質問です。私は講演会やスクールの時には基本的には膝の隠れるワンピース、ヒール、髪は綺麗に巻いて、メイクも完璧に。というスタイルです。笑顔もいっぱい、元気で明るい表情、声、を意識しています。

ですが、本業の【妻】の仕事もちゃんと大切にしています。家事もしていますよ。私服も外着は基本的には上品なラインが好きなので、スカートが多く、シルエットが女性的で綺麗なものを好みます。

すっぴんで歩くのはマンションの下にあるジムやプールに行く時くらいで、基本的にはメイクも最低限しています。家でも基本的にはスウェットや寝巻きではすごしません。朝起きたら寝巻きから部屋着に着替えて、いつ誰が訪問しても大丈夫なくらいには身だしなみを整えます。部屋もそうですね、常に最低限の片付けはしています。洗濯物や、食べた後の食器などはすぐに片付けます。

———と、このようなことを話すと、確かに一部の人から見たら「頑張りすぎ」「疲れそう」と思うかもしれませんが、逆なんです。

私にはこれは「自分が楽しいからやっているだけ」なんです。
私は「自分が楽しむためのひと手間」は「苦労」や「努力」とは思ってはいません。

もちろん子どもの頃から全てやっていたのではなく、自分が成長するとともに、自分が心地よい空間を作っていって、自分が心地よい身だしなみ、自分が心地よい状態に貪欲だったんだと思います。

楽しいことに夢中になっていると、【苦労】から【苦】の文字が飛んでいって【労】だけになるんですよね。イメージしやすいのは【苦労】が【労力】になる感じですね。

それはね、確かにエネルギーは使っているから体力的には疲れもあるけれど、楽しいからできちゃうの。

私が笑顔でいるのも、明るいのも、それは心から楽しんでいるから。楽しむための労力はいとわない。メイクや仕草、魅せ方もね、全力で楽しんでいます♪だから苦労ではないんです。

逆にね、スッピンで、すっごくカジュアルなTシャツとデニム、スニーカー、髪も寝起きのまま。それは「楽」かもしれないけれど、私には全然それは「楽しくない」ことなの。無表情で、無愛想になることも、私には全然「楽しくない」ことなのです。

だから、**自分の「楽」ではなく「楽しい」を選択する**。ただそれだけのこと。そして、ちゃんと手を抜くところは抜いているんですよ。疲れている時にはコンビニも使いますし、スーパーのお惣菜を買う時もある。でも、そのお惣菜を主人が待っている食卓に出す時にも買ったパックのまま出すことはしま

第1章　コミュニケーション基礎編

せん。
買ってきたお惣菜をパックから出して、お気に入りのお皿に盛りつけて、温め直してから出す。買ってきた缶ビールや飲み物も、お気に入りのグラスに注いで飲む。それだけで、食卓は明るくなり、食事の時間、会話を楽しむことができます。

私は、楽しむための「ひと手間」が大好きなんです。
これは私が幼い頃からそうでした。母がジュースを買ってきてくれたら、私はプラスチックコップではなく、母の綺麗なワイングラスにわざわざ入れて飲んでいました。
私は幼い頃から「ひと手間」かけて自分の時間を楽しくすることが趣味だったのでしょう。
あ、でもこういう話をしていると誤解もされやすいのですが、私は「ひと手間かけて素敵な生活をするべき」とか「大人の女性はこういうことをしなければならない」という「義務感」を持っていませんし、価値観を押し付ける気もありません。
自分の好き、楽しいことに素直でいい、ということです。そのためなら少しの手間や労力はアリですよ♪ ということ。

そして、ちょっと極端な言い方になりますが、**「楽しいと労力はセット」**くらいに思っておく方が良いかもしれませんね。

こんな経験はありませんか？
大好きな曲を歌えるようになりたい。カラオケで楽しみたい。そのためには最初は歌詞を覚えたり、メロディを覚えたり、それなりに【苦労】もしますよね。【労力】も使っている。でも、ワクワクしているから【楽しい】ですよね。これが①の**【苦労＋楽しい】**状態
そこから練習を重ねると、慣れてきます。
歌詞を見ないでも歌える、音程もバッチリ、そんな時は②の**【楽しい＋楽】**の

状態。そして【苦労】から苦が抜けて【労力】だけで楽しめています。

しかし、大好きな曲でも何度も歌っていると今度は少し飽きてきます。前はちゃんと楽しかった、今は楽なのですが、それに飽きる時もあるんですよね。
それが③の【楽】だけの状態。こちらも【労力】は使っています。
その曲を歌えない、練習中の人から見たらすごい状態ですからね。
そうすると、次は新しい曲を歌いたくなったりしませんでしたか？ 新曲に挑戦したくなったり、あえて難しい曲にチャレンジしてみたり。
それが④の次を考えてワクワクしている【楽しい＋苦労】の状態。つまり①に戻るんです。

つまり、【楽なことでも労力は使う】労力を無くそうとするから、変になる。だから、楽しむ為に頑張るのはOKなんです。
その楽しむための頑張りを、私は楽しむための【ひと手間】と言っています。

もっと楽に生きていいんだよ。
頑張らなくていいんだよ。
頑張らなくてもあなたは素敵だよ。
という【許可】を自分に与えるのはとても大切。
その許可で自己肯定感を満たしてあげることは
生きていくうえでとても大切なことです。

そして、心が落ち着いたら、次は自分の楽しい人生を探して下さい。
楽しいことに頑張っちゃう人生は、疲れもあるけれどそこで得られる満足感、達成感、充実感も素敵です。

【楽しい】自分も、【楽】な自分も、自分の意志で選択できるといいですね♪

 感情表現を豊かにしよう

関連動画→

【語尾に♪をつけてみよう】
「私、コミュニケーション苦手だな」とか「初めての人と仲良くなるの、苦手だな」とコミュニケーションに苦手意識のある人結構いるのではないでしょうか。「相手とのコミュニケーション」として、まず最初に**大切なことは感情表現**です。感情表現を豊かにすると、日常が変わります。

「奈々先生、感情表現も結構難しいです」と思うかもしれません。でも、意外と簡単にできるんです。
こちらに参考として、2パターンの画像を用意しました。
イラストは同じですが、吹き出しの文字がちょっとだけ違っています。ちょっと声に出して読んでみて下さい。

では、左から声に出して読んでいただきたいと思います。読んでみてください、どうぞ♪

では、右も声に出して読んでみてください、どうぞ。

おーーー！ 素晴らしい♪
感情表現について、私はまだ何も教えていないけれど、左と右（「おはよう」と「おはよう♪」）で、言い方が違いましたよね。声の質や発音、声の高さ、表情まで違いました。素晴らしいです♪
そう、感情表現というと苦手意識を持つかもしれないけれども、語尾に「♪」音符をつけてみようと意識するだけで、こんなに変化するのです。

「明るく挨拶しよう」と教わっても、どうやればいいのかな？ 明るくってどうやるの？と疑問に思いますよね。そうなんです！「明るく」って難しいんです。
そういうときは**語尾に♪をつけて言ってみる。♪を意識してみる。**
それだけで変わります。
あとはこれを意識的にやってみるかどうかです。

今までも毎日「おはよう」って、いろいろな人に声を掛けていると思います。その時に特に意識をせず、とりあえず「おはよう」って言っていませんか？そもそも「おはよう」って、本来何のために言っているのでしょうか？ ただ

の朝の挨拶として「朝だね」というメッセージだけではないと思うんです。
「おはよう」と声を掛けるときには、「今日もあなたに会えて嬉しいよ」とか「今日も一緒に楽しもうね」とか「今日も一緒に頑張ろうね」とか、そんないろいろな思いや気持ちがあって、そのメッセージを「おはよう」という四文字に**気持ちをラッピングして、相手にプレゼント**しているのだと思うんです。

それを、ちゃんと【意識的】にできていますか？
相手にあなたの気持ちを意識的にラッピングして、プレゼントとして渡せているか。それがコミュニケーションとしてとても大事なことになるんです。
それを意識的にやる【きっかけ】として、語尾に♪をつけてみてください。
【自然に】表情も感情も変わってきますよ。

そして、そこにもうひとつプラスできるともっと素敵なのが**「名前を呼ぶ」**ということです。

「○○さん、おはよう♪」
この名前を呼ぶというのは簡単ですが、効果は絶大です。
名前は、あなたが生まれて初めてもらうプレゼントです。
名前で呼ばれることは【自分】を認めてもらっている、【個人】として認識されているという承認の言葉となり、特別感をプレゼントできます。

私のスクールの生徒さんで、この【名前】＋【語尾に♪】を意識しただけで会社が変わった！ 売上も上がった！ という方もいます。

そう、コミュニケーションはこういう簡単なこと、些細なこと、当たり前なことの積み重ねなんです。

コミュニケーションのＡＢＣを覚えておいてください。
「Ａ・当たり前を　Ｂ・バカにせずに　Ｃ・ちゃんとやろう」。これが一番の肝

です。

でも、その当たり前をちゃんと日常で実践していますか？
ほんの少しの勇気を出してチャレンジしてみてください♪

日常はその瞬間から変わりますよ♪

> **鈴木先生の解説**
> ● 就職面接。同じくらいのスキルを持った二人がいます。一人は感情表現が豊かで、コミュニケーション能力に優れている人。一人は感情表現が苦手で、コミュニケーション能力が欠けている人。人事はどちらを採用するでしょうか。面接という短い時間での評価では、残念ながら前者の方が採用されるでしょう。社会や組織はスキルよりもコミュケーション能力を求めています。

1-06　魔法のコトバ

関連動画→

感情表現ができるようになったら、次のステップで、魔法のコトバを使ってみて下さい。

ドリカム（Dreams Come True）の名曲で「うれしい！　たのしい！　大好き！」という曲がありますよね。これが魔法のコトバなんです。

だからといって「あ、これを使えばいいんだ」と、そのまま使ったら駄目です

よ。「みんなおはよう。うれしい♪ 楽しい♪ 大好き♪」とか、「また明日も遊ぼうね。うれしい♪ 楽しい♪ 大好き♪」などと言っていると、周りの人から「あぁ、、、なんか変な宗教に入ってしまったのかな」と思われてしまいます。笑

そういう使い方ではありません。そのまま言うのではないのです。分けて、一つずつの単語で声に出していくんです。
子どもの頃に親から「相手の目を見て話しなさい」とか「はっきりと伝えなさい」と言われたでしょう？
確かにそれは大切なのですが、この【感情表現】の時には、**目を見て伝えなくてもいいし、はっきりと伝えなくてもいい**ということを覚えていただきたいのです。

単語でいいし、小さい声でいい。相手の目を見なくてもいい。コツはですね、ボソっとつぶやいちゃう。**「本音つぶやきの法則」**と勝手に私が呼んでいます。

例えば友達と遊んでいて、別れ際にその友達から、元気に大きな声でちゃんと目が合っていて「また明日、遊ぼうね♪ バイバーイ♪」と言われたとします。でもその後に小さな声でボソッと「あいつウザいよね」と言っていたら、どっちが本音に聞こえるでしょうか？

そう。小さい声の方ですね。大きい声で、目を見てハッキリ伝えた「また明日、遊ぼうね。バイバーイ♪」よりも、目も見ないでぼそっと言った「あいつウザいよね」を本音と人はとらえてしまう。これが「本音つぶやきの法則」です。

この「本音つぶやきの法則」無意識でやっている方はとても多いんですよ。
「うれしい♪ 楽しい♪ 大好き♪」の逆バージョンで「ウザイ、疲れた、だるい」というものがあります。笑
「あ〜、疲れたぁ」ついつい、無意識でつぶやいてませんか？ そう、この３つは相手に伝えようとして言っているのではなく、独り言でつぶやいているだけ。

しかし周りには聞こえています、伝わってます。想像してみてください、会社の仲間がみんな口々に「ウザイ、疲れた、だるい」をつぶやいている職場。家族みんなが「ウザイ、疲れた、だるい」をつぶやいている家庭。
とてもいい空気とは思えないですよね。だからこそ、まずはあなたから「うれしい♪ 楽しい♪ 大好き♪」を、ぼそっと、つぶやいてみましょう。

効果的なのは、デート。デートって、女性はワクワクして行くことが多いのだけれども、男の子はドキドキするんです。なぜなら「僕が考えたデートコースはちゃんと楽しんでくれているかな？」とか「このレストラン、満足してくれているかな？」と、ずっとドキドキ緊張しているの。

そういう時に「ここに連れてきてくれてありがとう♪ 私、うれしい♪」ってちゃんと言えたら、もちろんそれは100点満点。でも、なかなかそうは言えないですよね。そんなときには、目を見なくても平気。顔を見なくても平気。お手洗いに行く時とか、少し席を外す時とかに「あ〜楽しいなぁ♪」と、聞こえるか聞こえないぐらいでぼそっと言う。
これは本当に効果抜群です。
その瞬間に男の人は「ヨッシャーーーーー!!」と思うから♪

それぐらい効果があるんです。ただ街を一緒に歩いている時にも「あ〜楽しいなぁ♪」とぼそっと言ってみる。レストランに連れていってもらって、自分の好きなピザとかが出てきたら「わ

第1章　コミュニケーション基礎編

〜♪ 嬉しいなぁ♪」とぼそっと言ってみる。**ぼそっと言った一言を人は本音だととらえるので、相手に喜びを伝えることができます。**

「大好き♪」は間接的に言ってあげるといいですね。
「私、あなたのこと大好き♪」と言うのは難しいと思うから、ご飯を食べているときに、「わぁ美味しい♪ 私お肉、大好き♪」とか。あとは「私、海が大好き♪」とか「私、この季節が大好き♪」という感じで間接的に使ってね、そのぐらいでいいの。
「うれしい♪ 楽しい♪ 大好き♪」この言葉を二人の空間にまいていく感じ。花咲かじいさんみたいにね♪ そういう言葉を空間にぽんぽん置いていくと、本当にそういう空気になっていくんです。空気って変わるの。

場の空気は変えることができるのです。

「うれしい♪ 楽しい♪ 大好き♪」を空間にまいていくと、自分もそういう人にどんどんなっていくし、場の空気も変わっていきます。
ぜひ、今日１日、何回も何回も、「うれしい♪ 楽しい♪ 大好き♪」を呟いて下さい。今日寝るまでに５回ずつは言ってみてね。

【サビ効果】
うれしい♪ 楽しい♪ 大好き♪ を使う時に心がけるのは
" 歌のサビのように、何回も何回も繰り返すこと " です。

言葉は何回も繰り返し伝えることで相手の心の中に残ります。

歌のサビも一緒ですね。大好きな歌手でない人の曲でも、AメロやBメロは思い出せないけれどサビだけは印象的で覚えてたりするでしょ？

それは同じ歌詞を、何回も何回も、繰り返し、繰り返し歌っているからです。ザ・ブルーハーツの「リンダリンダ」とかゴールデンボンバーの「女々しくて」はわかりやすい例ですね。同じフレーズを何度も繰り返すことで忘れられない印象的な曲になります。また「明日があるさ」のように同じキーワードを何度も出すことで伝えたいメッセージ性を強くする効果もあります。

会話の中に**「うれしい」「楽しい」「大好き」を繰り返し入れておくと**、相手は「この人と一緒にいると、なんだか楽しいなあ、幸せな気持ちがするな」とあなたといる時間を心地良く感じ、**良い印象が残る**のです。

そうすると、会っていないときでも相手に良い印象を働き続けてくれますよ。普段やっていなかったことをやるのは、最初は気持ち悪いかもしれない。

それは運動したときの筋肉痛と同じで、気持ち悪い「ザワザワ期」は必ずあります。笑顔で「嬉しい♪」と言うのは気持ち悪いと思う時期があったとしても、そういうザワザワ期も楽しんじゃってくださいね。

 喜びは表現すると価値になる

関連動画→

【無邪気に喜んでみる】

不平不満は表現しているけれど、喜びをあまり表現できてない方、とても多いです。**まず喜ぶ。喜びを表現する**、ということが大事です。

でもここで注意ポイント！　その1
喜ぶというのは「心の中だけで喜ぶ」だけだともったいないんです！　残念！　おしいっ！　**「心の中だけで喜ぶ」のではなく、ちゃんとそれを表に表現すること。**

注意ポイント！ その2
「相手を喜ばせよう」ではなくても、いいんです。
無邪気に「わーい！ やったー!!」とやっていることが大事なんです。
「ありがとうございますー！（あなたを喜ばせたいんです〜）」ではなくて「やったやったー！ わーいわーい！ 楽しい!!」という無邪気な喜び方をできているかどうかが重要です。

ちなみにこの2つは、子ども達から教えてもらいました。
子どもたちは本当にこれを上手にできます。子どもに何かしてあげたら、何かプレゼントしてあげたら「わーい!!! やったー!!」と全力で喜びますよね。
その時、子どもは「プレゼントしてくれた相手を喜ばせよう」と思って喜びを表現しているわけではありませんよね。
「素直」に喜んでいるんです。
そして大人はその子どもの「喜ぶ笑顔」を見たくて、また何かプレゼントしてあげたくなりますよね。喜んでくれると、相手はもっとプレゼントしたくなる。
もしかしたら心の中では喜んでいるかもしれないけれど、全然喜びを表現してくれないと、次プレゼントするのを躊躇しますよね。
また、不平不満ばかり言う子どもにも、プレゼントしてあげたくなくなっちゃいますよね。

それは大人になっても一緒です。
まず**無邪気に喜んでみましょう。**

相手を喜ばせようとするのではなく、まず自分の喜びを表現する。**喜びは表現すると価値として返ってくる**のです。

昔、こんな話を聞いたことがあります。
「喜び上手と喜び下手では、死ぬまでに3億円違ってくる」
どういうことかというと、喜び上手の人は子どもの時「可愛いね、飴あげる」

から始まって「1杯おごるよ」「ここは私がご馳走するよ」「○○さんに会いに来たよ」「○○さんから商品を買いたいんだ」そうして、ビジネスや大きな契約にも繋がっていくのだそう。老若男女関係ありません。美人とかイケメンとか容姿も関係ありません。喜びの表現力は大きな価値になるんです。

プロポーズされる女性とされない女性の差でも、これが大きく関わっていますよね。だから相手を喜ばせることばかり考えていてもダメです。

本人は相手を喜ばせるために必死! すっごく真面目にがんばっている。

でも自分が全然楽しんでなくて、喜んでなくて、疲れ切っていて、必死で悲壮感漂ってて、不平不満だらけ。そういう人がとても多く、そういう方からの相談も尽きません。

これはデータにも出ています。

【400と13】これはなんの数字だと思いますか?

1日の笑顔の数なんです。「子どもは1日400回笑って　大人は13回しか笑っていない」と言われています。子どもは喜びの達人だから、色々なものをプレゼ

第1章　コミュニケーション基礎編

ントしてもらえたり、この子のために何かしてあげたい！　と思わせるプロなのです。

相手を喜ばせようとしているのではなく、自分が嬉しいから喜んでいる。
これがとっても大切なんです。

容姿をキレイにしていても、感情表現が出来ていない人、笑顔が無い人はいくら見た目をキレイにしていてもなかなか愛されない。
「喜び力」は最強の武器であり、価値なんです。

愛嬌美人は容姿美人よりも何倍も愛される。これは女性だけでなく男性もです。
愛嬌や笑顔、「喜び力」は男性にもとても大切な要素です。
上司に可愛がられる社員、先輩に可愛がられる後輩、恋人、夫婦、家族、同性、異性、どんな関係性でも愛嬌と笑顔は最強の武器になります。
また、自分の顔や容姿に自信がない人こそ、この**「喜び力」**を使ってみてください♪　驚くほど効果が感じられるハズです。

本書の中に喜びの表現力を上げるための方法が随所に書かれているので、ぜひやってみて日常を変えてみましょう♪
どんどん、行動・実践してみてくださいね。

【喜びを実現してご馳走してもらおう】

皆さん、奢られる人は、奢られるためにしっかり相手に「喜びを表現している」ことをご存知でしょうか？　奢られる人たちは、ただ、奢られているわけではありません。相手がまた奢ろうと思えるような行動をしているのです。
奢られる人は奢ってくれた人に大きく分けて10ステップで喜びを表現しています。

1　まず、誘われたらまず「誘ってくれて嬉しいです♪」と言って喜ぶ
2　当日あったとき「今日楽しみにしてたんです♪」と言って喜ぶ
3　お店に着いたときに、お店の外で「素敵なお店ですね♪」と言って喜ぶ
4　中にはいったら、メニューを見て「美味しそう♪」と言って喜ぶ
5　食べていてるとき「美味しい♪」と言って喜ぶ
6　食べ終わったら「美味しかった♪」と言って喜ぶ
7　会計をしたらそこでもまた「ごちそうさまでした♪」と言って喜ぶ
8　お店を出た後で「また来たいね♪」と言って喜ぶ
9　家に帰ったら「今日はありがとうございました♪」と言って喜ぶ
10　1週間後「あの時は本当に楽しかったですね♪」と言って喜ぶ

この10ステップです。
これを地道に続けていくと、ランチ→焼肉→高級焼肉→回ってないお寿司屋さん→海外旅行で素敵なレストランというようにご馳走する側も「もっと喜ばせてあげたい♪ もっと喜んでいる顔が見たい♪」というようになって、そういう流れから例えば、友達→恋人→プロポーズ→結婚→生涯愛され続ける幸せな妻、という流れを作ることもできます。

もし、あなたが誰かに奢られたい、必要とされたい人になりたいのだとしたら、相手がご飯を奢りたくなる人・お金を使いたくなる人を目指してください。

私はこの「喜びの表現力」で子供どもの頃からずっと豊かで幸せなハッピーライフをおくれています♪
ここだけの話、素敵なお客様、生徒さんたちに恵まれているのもこの「喜びの表現力」の賜物だと思っています。
お金も、愛も、幸せも豊かにする「喜びの表現力」ぜひチャレンジしてみませんか？

> **鈴木先生の解説**
>
> ●「喜び」は英語で joy、「楽しむ」は英語で enjoy。自分が喜べば、相手も喜ぶ。自分（自己）が「エンジョイ」するということは、相手（他者）が「喜ぶ」ということなのです。「喜びを実現してご馳走してもらおう」は恋愛関係だけでなく、上司部下、同性間でも効果的。私も尊敬している年上の教授（男性）にもこうしてご馳走になりました。

鈴木先生のレクチャー 1　　心理学と社会学の違い

　この本はコミュニケーションから社会学を学ぶ内容になっています。コミュニケーションと聞くと、心理学を真っ先に思い浮かべる方も多いかと思います。心理学でも人と人のつながり（＝コミュニケーション）について学びますが、その議論の中心は「自分」（自己）の〈内面〉です。それに対して、社会学では、自己（わたし）と他者（あなた）との相互作用（interaction）・コミュニケーションを出発点として、議論は全体社会にまで学びます。心理学の議論が終わったところから社会学の議論が始まるといってよいでしょう。けれども、心理学と社会学の関係は対立的なものではなく、対話的なものです。わたしたちも心理学の知見をいろいろと参考にしていますが、本書での議論の中心は社会学にあります。

鈴木先生のレクチャー 2　　日常生活（everyday life）

　今・ここのわたしの日常生活を描き出すことから社会学が始まります。Everyday life、日常生活・日々の暮らし。朝起きてから夜寝るまで。ドラマチックな一日はまれで、ほぼ毎日が当たり前のように過ぎていきます。「ライフ」（life）はいろいろな社会学的な意味を持っています。わたしはこの世に〈生〉を受け、わたしの〈人生〉が始まりました。わたしはさまざまな人びととの関わりにおいて〈生活〉しています。こんな日常は当たり前のように過ぎていきます。しかしこうした当たり前の日常でも、視点を変えて見てみると、それまでとは違って見えてきたりします。わたし（たち）の人生は、良い時もあれば、悪い時もあります。この繰り返しで、良

いことだけが続く、悪いことだけが続くということはまずありません。だから日々の暮らし（日常生活）を「プラスゾーン」から「マイナスゾーン」にシフトチェンジしさえすればよいのです。

　こうしたわたしたちの日常生活に焦点を置いた社会学者にアルフレッド・シュッツがいます。シュッツはこうした日常を「生活世界」（生きられる世界）と名付けました。シュッツは問います。「今・ここにある社会（世界）は〈わたし〉にとってどのような意味を持っているか」と。シュッツよりほかの社会学者は、いまここにある全体社会を対象（object）として客観的に捉えようとしました。社会学の父 A. コント、H. スペンサー、K. マルクス、M. ウェーバー、E. デュルケム、古典と言われる社会学者のほとんどが自然科学的な認識論（主体と客体の関係）に基づいて全体社会を理解しようとしました。

　彼らは、全体社会の経済的側面、政治的側面、文化的側面と社会的側面とを相互に関連付けて説明しました。この全体社会がどのようにして成立して、このようになったのかを「客観的に」論じました。〈社会〉の「進歩」（コント）、「進化」（スペンサー）、「変動」（マルクス）、「合理化」（ウェーバー）、「分業・分化」（デュルケム）といった具合です。

　それに対して、シュッツ、そして G. ジンメルは、社会を普遍的な生（Leben）の形式として捉えて、現象学的な存在論（主体と主体の関係＝相互主観的関係）に基づいて、今・ここにいるあなたとわたしの関わり（コミュニケーション）を見ていこうとするのです。わたしは一人では生きてはいけません。他者との関わりでしか生きていけません。コミュニケーションは、人（主体）と人（主体）との相互作用（interaction）です。コミュニケーションの社会学は、認識論（主体と客体の関係）にとどまらず、存在論（主体と主体の関係）に基礎を置くものなのです。

鈴木先生のレクチャー　3

承　認

　社会理論や政治理論で「承認」（recognition）と言えば、チャールズ・テイラーの「承認の政治」に始まり、ユルゲン・ハーバーマスとテイラーの論争を経て、アクセル・ホネットの「承認」論へというとても理論的なお話になってしまいます。一方、奈々さんのいう「承認」はアブラハム・マズローの「承認欲求」と同じような意味で使われています。マズローは、人の欲求を5段階（生理的欲求、安全の欲求、所属と愛の欲求、承認の欲求、自己実現の欲求）に分類しています。それらのうち4段階目が「承認」（esteem）欲求というわけです。

　ホネットらのいう「承認」とは「集団やそのなかに生きる個人が自らの文化やアイデンティティの適切な承認を求めて行う主張・運動や、それをめぐる論争・交渉のこと」（『現代社会学事典』弘文堂、661頁）です。例えば、1970年代のアメリカでは、女性が「男女平等」（英語で「男女平等」は gender equality といいます。これを日本の内閣府は「男女共同参画」と訳し、1990年代から「男女共同参画社会」の実現に向けてリーダーシップをとってきました）を求めて「女性解放」（women's liberation）運動＝フェミニズム運動を展開し、同時に同性愛者が「平等」を求めて「同性愛者解放」（gay liberation）運動を展開しました。こうした運動は、まさしく、女性、そして同性愛者による「承認」をめぐる運動と言えるでしょう。さらに言えば、90年代のアメリカでは、トランスジェンダーの人たち（性別を移行する人たち）、そして今日のアメリカでは、トランスセクシュアルの人たち（性別を移行した人たち）が「承認」をめぐる運動を展開しています。

　2015年、アメリカの雑誌『ヴァニティ・フェア』の表紙をとあるトラン

スセクシュアルウーマンが飾り、たいへんな話題になりました。その人とは、かつてオリンピック十種競技世界記録保持者ブルース・ジェンナーだったのです。ブルースからケイトリンになったジェンナーは、自分自身のジェンダーとセクシュアリティに真正面から立ち向かい、ジェンダー・アイデンティティを確立したのでした。ケイトリンの「トランスジェンダー・ジャーニー」はテレビドキュメンタリーにもなり、全米の知るところとなりました。視聴者はそのストーリーに感動し、ケイトリンはマズローのいう他者からの「承認」を得たのでした（esteem は「尊敬」の意味なので、他者から「尊敬」された、という方が適切でしょう）。さらにマズローの言う最高段階の「自己実現の欲求」をも満たしたと言えるでしょう。

　それでは、アメリカにおいて「トランスセクシュアル」が「尊敬」されているかといえば、現実はそうではありません。同性愛者に対するフォビア（homophobia: 同性愛者恐怖・嫌悪）と同様に、性転換者に対するフォビア（transphobia: 性転換者恐怖・嫌悪）は決して消えることはありません。フォビアが高じてのヘイトクライム（憎悪による犯罪）も後を絶ちません。そうしたフォビアやヘイトクライムの背景には宗教の原理主義（fundamentalism）があるのも見逃せません。だからこそ、社会学では、マズローの承認論に加えて、ホネットらのいう「承認」をめぐる闘争や論争に注目する必要があるのです。

鈴木先生のレクチャー 4

感　情

　感情、言い換えれば、喜怒哀楽は「個人的」なものであり、「社会的」なものではないとして、社会学の古典ではほとんど議論されてきませんでした。唯一、マックス・ウェーバーが行為の類型を行ったときに、「感情的」行為（「エモーショナルな行為。これは直接の感情や気分による行為」

［ウェーバー『社会学の根本概念』岩波文庫、39頁］）を挙げていますが、他の「目的合理的」行為（「外界の事物の行動および他の人間の行動について或る予想を持ち、この予想を、結果として合理的に追求され考慮される自分の目的のために条件や手段として利用するような行為」。例：受験勉強など）と「価値合理的」行為（「或る行動の独自の絶対的価値──倫理的、美的、宗教的、その他の──そのものへの、結果を度外視した、意識的な信仰による行為」。例：ボランティア活動など）と「伝統的」行為（「身に着いた習慣による行為」。例：地域の風習など）と比べると「残余範疇」（残りもの・置いてけぼり）感は否めません。社会学において、「感情」に焦点を当て、ポジティブに議論したのは「シンボリック相互作用論」（symbolic interactionism）という理論においてでした。シカゴ大学のG. H. ミードを始祖とし、H. ブルーマーによってその名が付けられた「シンボリック相互作用論」は何よりも「コミュニケーション」を理論化しようとしました。喜怒哀楽も「個人的」なものではなく、今・ここにいる「あなた」と「わたし」の「つながり」から考えるべきだというわけです。

　「コミュニケーション」において「感情」は重要な役割を演じることになります。アメリカ人は「感情」を比較的「直接的に」に表現します。それに対して、日本人は「感情」を比較的「控えめに」表現します。もちろん、控えめなアメリカ人もいますし、直接的な日本人もいます。ただ言えることは、「典型的な」アメリカ人の「感情表現」は、われわれ日本人が見習うべきところが多いということです。感情をストレートに表現すると、喜びも、怒りも、哀しみも、楽しさも、良く伝わります。感情をストレートに表すと、コミュニケーションがうまくいくのです。「感情」を共有することで「つながり」が強固なものとなるのです。

　しかし今日、とくに日本では、この「感情」をコントロールし、笑顔を売りものにする商売が行き渡っています。社会学ではこうした「笑顔を売

りものにするような仕事」を「感情労働」と呼んでいます。アメリカの女性社会学者、アーリー・ホックシールドは『管理される心』で、1970年代のアメリカにおいて客室乗務員に要求される「感情労働」の実態とその問題について議論し、大きな反響を呼びました。かつてマルクスは「労働からの疎外」を議論しましたが、ホックシールドは「感情からの疎外」、つまり感情労働に専心するあまり、自己の本来的な感情から疎外されてしまう。「笑いたいときに笑えない」、「泣きたいときに泣けない」自分になってしまうという点を明らかにしました。看護や介護の現場での過重な「感情労働」はときに「感情の疎外」を引き起こし、「バーンアウト」してしまいます。「感情の社会学」は、「感情の疎外」という見たくない現実を見てみることから始まるのです。

Chapter 2

相手とのコミュニケーション

2-01 最高に喜ばれる記憶のプレゼント

関連動画→

相手との「記憶」を、プレゼントに変えてみましょう。
なぜ【記憶】が相手を感動させることができるのでしょうか？

人は誰しも、一番興味があるのは「自分について」なんです。
人は自分のことを覚えてくれていたことを知ると、承認欲求が満たされます。
「自分のことを覚えてくれていた」ということが嬉しくて一番喜びを感じます。
しかも、前回会ったときから時間が経っていれば経っているほど、「記憶」の持つパワーが増大し、素敵なプレゼントに変化するのです。
これが相手の心をつかむ鍵になるんですね。
多くのリピーターに愛される人や会社はこれを徹底して行っていますよね。
目の前にいる人を褒めたり、その時を楽しくするのはもちろん素敵なことですが、よりいっそう喜んでいただくためには、時差を使って記憶をプレゼントに変えちゃいましょう！

私がこれに気づいたのは夜のお店、接客業の時でした。
まだ10代で右も左もわからないし、会話も下手、話題の知識もなく、キレイでもなく、笑わせるトークもできず、なにも芸もできなかった時。
大先輩たちはこの全てをもっていたんです。でも負けたくない！ 私もお客様を笑顔にしたい！ 喜んでもらいたい！ と思って自分でもできることを探して、その時にやったのがこの**「記憶をプレゼント」**なんです。

当時（1990年代前半）は今と違って多くの人がタバコを吸っていて職員室でもタバコ、電車にもボックス席には灰皿があったり、会社やレストランでも分煙

は珍しく、みんなタバコを吸ってる時代でした。なので私はお客様のタバコに注目したんです。
お客様が帰ったらその方のタバコを１箱買って、タバコに付箋を貼って「○○さん、何月何日来店、美味しい焼肉屋さん△△を教えてもらった」くらいに簡単にメモして楽屋に置いておくんです。

そしてお客様が来店してくれた時に、「○○さん♪　この前は美味しいお酒ごちそうさまでした〜♪」と、そのタバコをプレゼント。
そうするとお客様はものすごく喜んでくれるんです！
でもね、それは「タバコ」という「物」が嬉しいのではないんです。「記憶」がプレゼントになっているんです。

タバコってコンビニに何種類くらい置かれてると思いますか？　実は平均250種類以上もあるんです。喫煙者は、そんな数ある種類のタバコから１種類を自分で選んで毎日何回も吸っているんですよね。
その「自分で選んだもの」「自分のチョイス」が「こだわり」になって「愛着」となります。その「こだわり・愛着」を覚えていたということが素敵な記憶のプレゼントになるんです。
そして会話でも「教えてもらった焼肉屋さんすごく美味しかったです♪」と前回の話も出すと効果抜群♪

記憶をプレゼントすることを心がけてから、多くのお客様に喜んでもらえてリピーターになっていただけました。

また、記憶のプレゼントは「エピソード」や「物」の記憶でなくてもいいんです。まずは**「相手の名前」からスタート**してみてください。
私がもう何年も通っている美容室。ここの美容師さんは私がまだ来店２回目、しかも予約していない時に突然行ったのに「あ！　吉井さん♪　いつもありがとうございます♪」と名前をすぐに出してくれ、名前だけじゃなく髪質、希望の

髪型なども覚えててくれたんです。とても感動しました。
もちろんカットの腕も素晴らしいのですが、それプラスこの記憶のプレゼントに感動してそれから何年も通い続けています。

【写真やスクショを撮っておけば、カンニングできる！】

とはいえ、「日常生活でいざやってみよう」と思っても、観察力や記憶力だけでは、なかなか相手のファッションや持ち物、会話や出来事を細かく覚えられませんよね。

プロの接客ならいざしらず、プライベートでつねにメモを取っておくのも面倒だし、それをいざというときすぐに見られなければ意味がありません。

そこで便利なのが、**スマホカメラ**。
そう、会ったときに、**1枚写真を撮影しておけばいい**んです。
「星柄のバックを持っていた」
「このカフェで頼んだハーブティーが美味しかった」
たった写真1枚でも多くの記憶が蘇るものなんです。写真はより細かい色々な情報を残すことができるし、会話の予習をすることもできます。

さらに、お店やオススメの商品などを教えてもらったら、その場で検索して、その検索画面のスクリーンショットを取っておくのも手。
これで、次回会うときにサッとフォトアルバムを見直せば、「カンニング」ができ、いろいろな記憶がよみがえるはずです。

【日常の生活でも応用して使ってみましょう】

この時差を使うテクニックは、久々に会う相手だけでなく、日々の生活でも応

用することができます。

たとえば、パートナーといっしょにテレビを見ていて、イチゴのCMが流れたとします。すると相手が「イチゴ美味しそう♪ イチゴ大好きなんだ〜」と言ったとします。それを忘れずにしっかり覚えておいて、できれば少し間をあけた1〜2週間後に、イチゴを買っておきましょう。
当然、「あ、イチゴだ♪ これどうしたの？」と聞いてきます。
そうしたら、「だって、この間イチゴ好きって言ってたでしょ♪」
すごく喜んでもらえますよ〜♪
あえて当日ではなく、買ってきたことも言わない！
これも、相手の感動を倍増させるポイントの一つになります。
これをやれたら……相手の心をわしづかみ！ 間違いないです！

実はこのエピソード。私が主人にやってもらったエピソードなんです。笑
結婚前、まだ付き合いはじめの頃、同棲時代に主人がやってくれたんです。
もぉ惚れ直しましたよ♪ あ、少しノロケました。

ぜひ皆さんも、記憶をプレゼント、やってみてくださいね。

> **鈴木先生の解説**
> ● 社会において、名前は固有名詞と呼ばれ、その人の存在証明（アイデンティティ）を表すものであり、とても価値のあるものです。名前を呼ぶという行為はその人のアイデンティティを承認するもので、社会という集団の中からその人を個として特別な存在として際立たせる行為と言えます。

2-02 相手も輝かせるプレゼント

関連動画→

これは、会社のスタッフや仲間、また家庭でも使えるプレゼントです。
まず前提として覚えておいて頂きたいのは**「最初から咲いている花はない」**ということ。必ず種の時代があります。人もそう、最初から輝いている人なんていないんです。**魅力も最初は種**なんです。

私は婚活のお仕事もずっとやっていたので、いろいろな人にカウンセリングをしてきました。
「どんな人が好きなの？」と聞くとみんな「優しくて、頼りになって、かっこいい素敵な人」と言うのだけれども、最初からそんな人はいないんです。
「えー、優しい人はいるよ」と思うかもしれませんが、これは、全員に優しい人はいないということです。
例えばAさんは、Bさんに対しては優しくしてあげたいと思うけれども、Cさんに対しては優しくしてあげたくないと思うことがある。たぶんみんなにもそういう感情があると思います。
そうすると、Bさんからすると「Aさんは優しい人」だけれども、Cさんからすれば「Aさんは優しくない人」になります。
では、Aさんに優しくしてもらいたい

なら、Cさんはどうしたらいいのだろう。

「Aさんは優しくない！Bさんには優しいのに！ 私にも平等に優しくしてよ！」と訴えても優しくされませんね。なので、CさんはAさんが持っている「Cさんに対する優しさの種」を、自分で育てていかないといけないの。では、どういうふうにしたら優しくしてもらえるのでしょうか？

それは世の中で一番素敵な言葉、**「ありがとう」**を伝えることだと思います。みんなもたぶん聞いたことがあると思います。「ありがとうって素敵だよね」とか「ありがとうは大切」と歌われている曲もいっぱいあります。

この**「ありがとう」の前と後ろに言葉をプラスすると、言葉のプレゼントに変わります。**

ありがとうの前に「相手の名前」をつけてあげる。「田中さん、ありがとう」こうして名前をちゃんと付けることを意識すると「相手に心の矢印を向ける」ことができます。言われる方も名前がついてる方が嬉しいんです。

そして、その後ろには【役割言葉】をつけてください。

　　（役割言葉の例）
　　優しいね・頼りになるね・男らしいね・思いやりがあるね・働き者だね・がんばってるね・しっかりしてるね・努力家だね・面倒見がいいね

　何か重い荷物を持ってもらったときに「田中さんありがとう♪ 田中さんって頼りになるね♪」「田中さんありがとう♪ 田中さんってやさしいね♪」と言

われると、田中さんは「えっ、私にとっては簡単なことだったのに、この人には荷物を持ってあげると頼りになると思われるんだ。だったら、また荷物を持ってあげよう♪」と優しさの芽が無意識で出てくるのです。

人は、与えられた役割を演じたいという無意識の習性を持っています。
「君は今日からリーダーだよ」と言われたらリーダーらしく振る舞うし、「おめでたです。おめでとうございます。今日からもうお母さんよ」と言われたら、お母さんらしくなっていくのです。
与えられた役割を演じたい。そういう自分でも無意識の習性があるので、あえて役割を与えてあげちゃうの。

「えー？ そんなに人は単純じゃないよ」と思いますよね。
でもこれ、いまはプラスの「輝かせる役割言葉」で例えていましたが、マイナスの「自信をなくさせる役割言葉」で例えると想像しやすいかもしれません。同じ効果ですからね。
例えば自分の部下に頑張ってほしい、努力してほしいと思っているのだとしたら「もっとがんばれよ！」「もっと努力しろよ」と言ってしまうと、言われた相手はへそを曲げてしまいます。いつもの自分の頑張りを全否定されたように思ってしまうんです。
そうすると、頑張り屋さんの芽が摘まれちゃいます。

そうなってしまうとその後も「どうせ私は頑張ってもわかってもらえないんだ」とその拗ねの芽がすくすくと育っていってしまうんです。

そんな時こそ、先に「いつも頑張ってるね」と相手の未来の姿をプレゼントしちゃいましょう。

すると「〇〇さんは私の日常の頑張りにちゃんと気づいてくれている。まだ成績は上がっていない。数字で表せていない。でも自分の頑張りは、ちゃんと見

ていてくれているんだ。じゃあ、もうちょっと頑張ろう」と、人って無意識に思うものなんです。

「こうなって欲しい♪」という未来の姿を先にプレゼント。
言葉は、相手を変える大きな力を持っています。
いい流れに乗せてあげる。良い意味で調子に乗せてあげる。リズムを作ってあげるんです。
そして**「良いカンチガイ」「根拠のない思い込み」をプレゼント**しましょう。

【プラス言葉をプレゼント】
恋愛もそうです。ダメ男って実は、最初からダメ男ではないんですよね。
「あなたはいつもダメなんだから」「ちゃんとしないんだから」「私がいなきゃ何もできないんだから」……と付き合っている**女性が男性にダメな役割言葉をかけてしまっていることがとても多い**んです。

そのダメ男くんは、今の彼女と別れて他の女性と付き合ったら、その女性は彼にいい役割言葉をいっぱいプレゼントしてくれて、働き者のすごく素敵な優しい彼になっていたなんてことも、本当にあるんです。

これは会社でもそうですよ。「最近の若いもんは…」「うちのスタッフはみんな使えない」と不平や不満を多く言っている方。
これは私が大切にしている言葉で、**「うんこには、ハエがたかる、きれいな花には蝶が舞う」**という言葉があります。
つまり周りにいる人がハエみたいに思えたら、自分がうんこだということです。
でも、うんこだと自覚してしまった皆様、あきらめないでください。
うんこは肥料になります。
うんこを肥料にしてきれいな花を咲かせれば、たかっていたハエが実はきれいな蝶だった、素敵な人になることもあるのです。

それも言葉次第です。

「もうすでに彼がダメ男になってしまいました……」
この場合、まずは小さいことから相手を頼ることからはじめてみてください。簡単なことでもいいです。彼に用事を頼んでください。たとえば食事の時、お皿洗いをお願いするくらいのことでいいんです。そして、彼がやってくれたことに対して感謝を忘れずに！
「○○くんお皿洗ってくれてありがとう♪　優しいね〜♪　私が洗うよりピカピカ♪　上手だね〜♪」と彼がやってくれた行動に対して**「名前＋ありがとう＋役割言葉」をプレゼント**。
そう、子どもを褒める時と同じように褒めちぎるのです！

まだ小さい子どもを褒める時って、立てただけで「上手に立てたね〜♪　すごいね〜♪」絵を描いたら「上手に描けたね〜♪　将来は画家だね♪」、ボールを投げたら「上手だね〜♪　将来はプロ野球選手だね♪」と褒めちぎります。

褒めて、いい意味で調子に乗せて、いい波に乗せてあげる。
これがヤル気スイッチの源となって、どんどん成長していきます。
これを大人にもやってあげるんです。簡単なこと、ささいなことからはじめて

下さい。ほめられた人は「こんなことで喜んでくれるなら、もっとやってあげようかな」ともっと頼りになる人になろうと思い始めますからね。

【褒め】と【役割言葉】の違いはコチラです。

　　褒め＝いま見えている魅力を承認
　　役割言葉＝未来の魅力・可能性をプレゼント

相手にどんな言葉をプレゼントするか。言葉次第だということを覚えておいてください。

こんなふうに**【自分だけではなく相手も輝かせられる人】が魅力的な人**なのではないかな。

自分ばかり魅力的になるのではなく、相手も魅力的にしてしまう。そんな魔法使いのような素敵な人になっていただきたいと思います。

> **鈴木先生の解説**
>
> ●タルコット・パーソンズは社会を「地位と役割のセット」として理解しました。例えば、家庭では、父親役割・母親役割、学校では、教師役割・生徒役割、会社では、上司役割・部下役割といった具合です。それを「役割言葉」では、「地位と役割のセット」としてではなく、「優しいね」「頼りになるね」というような「性格と役割のセット」として捉えています。

頼ることはプレゼント

関連動画→

あなたはまわりの人に頼ることができていますか？
職場の仲間や家族に甘えることはできていますか？
「助けて」と言えていますか？

私たちは子どもの頃「自分のことは自分でしよう」「まわりに頼らず頑張ってみよう」という言葉がけで育ってきました。
だからこそ、人に頼ることをとても苦手としている人がとても多いです。
でもね、まわりに頼ることって相手にとっても重要なコミュニケーションなんです。
頑張り屋さんはつい、大変なことがあっても誰にも何も言わずに自分で抱え込んでしまったり、何か困ったことがあっても自分だけで解決しようと頑張ってしまいがちです。「助けて」が言えなくて、人に頼ることができず辛い思いをしてしまっている人もいるのではないでしょうか？
社会で生きていくときに、この「助けて」が言えないとどんどん自分が苦しくなってしまいます。

「自分で、自力で何とかしなきゃ」ではなくて、**どんどん人に甘えちゃってください。他力の力を信じて下さい。**
相手を信じて、相手を頼ることで、むしろあなたも信頼される人になります。
自分の「できない」を受け入れて、自分の弱い部分をさらけ出して、素直に頼る。これは簡単なことではない。むしろ勇気ある行動です。

「できない」と言える、「お願い、助けて」と言える、そういうちょっとかっこ

悪いところも見せられる人が、とても愛される魅力的な人なんです。
できないことを一生懸命もがいて挑戦して挑むことも、もちろん素晴らしい。
でも、相手に頼ることも素晴らしいと思っていただきたいんです。
頼ることは全然悪いことではありません。
むしろ頼るということは、その人に向けて「私にはできないけど、あなたにはできる」という言葉を贈ることです。
「あなたはこれができる、とても素晴らしい人なんだよ」と相手を承認することでもあるのです。

「助けては、愛していると同じ言葉」。「助けて」という言葉は、それぐらいとても大切です。
「あなたには、これだけの価値があるんだよ。あなたにできることがあるんだよ」と**相手への信頼を伝える言葉のプレゼント**でもあります。
もし「助けて」とか「頼る」ということにちょっと抵抗感があるのなら、この言葉で頼ってみてください。

「弟子入りさせてください」

これは本当に効果があります。私はこの言葉を昔から使ってきました。
私はいろいろな人にお世話になって、いろいろなことを教わってきました。
10代で水商売に入った時は何もできませんでした。
そういう時に私はいろいろなお姉さん、先輩とかママとかをどんどん頼って「弟子入りさせてください！」と言っていたし、お金を払っていただいているお客様にも言いました。

お客様で、歌がうまい素敵な社長さんが来たら、「うわー、すごい素敵な歌声ですね。そんなふうに歌えるようになりたいです♪　弟子入りさせてください！」とか、面白い話をする人が来たら「どうしたらそんなに面白い話ができるんですか？　弟子入りさせてください」と、言いました。

嫌がられたことはありません。お金を払っているお客様にでさえも、「弟子入りさせてください」と言うと、「そうかそうか♪ じゃ、教えてやるよ」と可愛がっていただきました。
一人で何とかしよう、ではなくて、どんどん弟子入りしちゃっていいんです。

嫁姑関係もそう。
結婚することになったら、お姑さんに「いろいろ教えてください」って弟子入りしちゃうの。手料理を作ってくれたら、作り方やコツを教えてもらってしまいましょう。家事だけではなく、子育てのことでも、保険や健康のことでもインターネットで調べるよりもまずはお姑さんに聞いてみるようにしましょう。
「私もお母さんみたいになりたいです♪」と伝え、お姑さんに色々と教えてもらうようにしましょう。
そして教えてもらったことは、参考意見として素直に聞いて、実行するかどうかは後で決めればいいんです。
まずは弟子入りして、お姑さんのことを自分の師匠のように思って、接するようにしてみましょう。
これができれば嫁姑関係なんて怖くありませんよ♪
私の嫁姑関係はすごく仲良くて、今でも二人でランチに行ったりするぐらいで、結婚前からいろいろ教わっています。
そしてこの［弟子入り］は自分の子どもや会社の部下にも弟子入りしちゃってもいいんです。例えばスマホの使い方、WordやExcelなどパソコン関係。
若い子のほうが使い方が上手だったりしませんか？

そうなんです。自分よりも年齢の下の人たちの方ができることが意外とある。教わることもたくさんある。だから自分がどんどん年齢を重ねても、年下の子に「ねえ、それ、やり方がわからないから、教えて。弟子入りさせて♪」と言っていいのです。

年上や目上の人から頼られる、頼りにされるってとても嬉しいことですよね。

「頼ること・承認すること」は相手に自信をプレゼントできます。

そうやって頼っていくと、人と人とがつながっていけます。やってみてくださいね。

> **鈴木先生の解説**
> ●イントロダクションで触れたとおり、あなたとわたしをつなげるものを社会学では「メディア」といいます。金（経済）・力（政治）・信頼（社会）・価値（文化）の４つが「メディア」といわれ、その中でも信頼というメディアがコミュニケーションのためのメディアなのです。

 お願いもプレゼントになる

関連動画→

前の項目では「頼ることの大切さ」についてお話ししてきました。
自分の弱さや「できない」を認めて、「できる」人に頼ることは悪いことではない。むしろ承認のプレゼントになります。
と、頭では理解はしたけれどなかなか実際に頼るのって難しいと思っていませんか？ そこで行動に移す時に必要になってくるのが**「お願い力」**です。

優秀な人・素敵な人とはどういう人か？ それは一言で言うと「人の力を借りれる人」です。自分個人の能力を高めることではないんですよね。「人の力を借りて、人の力を引き出せる人」私が今までお会いしてきた社長さんやリーダーシップのある方は、みんなそうでした。

なのでこの項目では、お願いすることでむしろ相手を喜ばせてしまう！
夢のようなお願いの仕方・お願い力を学んでいきましょう。

同じ内容のお願いでも、相手にしぶしぶ・いやいや受けてもらうのか、喜んで受けてもらうのかでは全然違いますよね。
私の元にも常に多くの企業さんから社員研修の依頼や、企業講演の依頼、そして全国の小学校・中学校・高校から講演依頼を頂いています。その依頼をしてくれる担当者さんはビックリするくらいお願い力のある方ばかりです！

その人達に共通しているのは「奈々さんにうちの学校（会社）に来てもらうのが私の夢だったんです！」という依頼の仕方をしてきてくれるところです。
これはもう……断れないですよね♪ 笑
少し無理してでもスケジュール調整して……行っちゃいますよね！
少し予算が厳しいとか、色々大人の事情があっても……受けちゃいますよね！
お願いされて、私が幸せな気持ちになるんです。エネルギーを貰ってるんです。
お願いしてくれてありがとう！ という気持ちになります。

これは、講演料を頂いているから金額で嬉しいんではないですよ。
実際私は、学校関係者の場合には「交通費＋チロルチョコだけで講演料は無料！ 全国の学校に行きます！」という「チロルチョコキャンペーン」をやっています。相手とのコミュニケーション、自分とのコミュニケーションで悩んでいる生徒さん、教員の皆さん、PTAの皆さんに言葉のプレゼントを届けたい！ という気持ちでやっています。

もちろん全力で伝えるので多くのエネルギーを使いますが、それを忘れるくらい呼んでくれた担当者さん、教員の方々、生徒のみんな、PTA・生徒の親御さん、多くの人に喜んでもらえることが本当に嬉しいんです。

つまりこのチロルチョコ企画、実は【私からのお願い】でもあるんです。

私が悩んでいた学生時代、多くの大人からの言葉のプレゼントや人との出会いに救われたから。
新宿2丁目、夜の世界、水商売のときのお客様、ママ、先輩、そして両親、家族。

あの時の言葉があったから今、笑顔でいられます。
あの時の言葉があったから自分らしく楽しく生きています。

次は私が頂いた恩をプレゼントする番です。
でも学校で講演をすることは自分だけの力では不可能なんです。学校の教員のみなさんやPTAのみなさんが、生徒のみんなが声を上げて「奈々さんを呼びたい」と企画してもらえないと私が学校に行くことはできません。
だからその場を作って欲しい、伝える場を、繋がる場を作って欲しいという【私からのお願い】でもあるんです。

ある大学では、一人の学生さんが立ち上がってくれて「奈々さんの講演を高校の時に聞いて人生が変わった！ だからこの大学にも呼びたい！ それが夢なんです！」と大学側にプレゼンをしてくれたんです。するとその夢は叶い私の元に大学側から正式に依頼が来ました。
私はそのエピソードを大学の学長から聞いた時、涙が止まりませんでした。

お願いは、プレゼントになるんです。
これは講師業という私だからではありません。

想像してみて下さい
「○○さんに仕事を依頼するのが僕の夢だったんです！」
「○○さんの書類ってすごく見やすくてわかりやすいですよね♪ クライアントさんにも好評で喜んでいましたよ。ぜひ次の書類も○○さんにお願いしたいんです♪」

このようにお願いをされたら嬉しくないですか？
これはお願い自体をプレゼントにしているんです。
この人のお願いを叶えてあげたい！ という印象を与えることができます。

また、お願いするときの注意点をお伝えしておきますね。
「どんな表情で伝えるか」がとても大切になってきます。

お願いするのが申し訳ないから申し訳なさそうに、深刻な表情で、声のトーンも暗く「ゴメン……お願いがあるんだけど……」と言うと聞き手としては「嫌なことを押し付けられる」と思ってしまいます。その時点でプレゼントになっていないんですよね。

これはお願いをする前に「お願いをしたら嫌な顔するだろうな」と思い込んでいるんです。
だからその気持ちが言葉にも表情にもでてしまい、相手の受け取り方もその想像をしたとおりに「嫌な顔で嫌な反応」が返ってきます。
ここはまず、自分の思い込みを変える。「私のお願いは相手に喜んでもらえるんだ」その前提で、ではどう伝えようか、どんな言葉でプレゼントしようかを考える。これが大切です。

そうすれば、伝え方は自然と変わるんです。
もちろん時と場合にもよりますが、基本的にお願いは**「深刻そうに言わない」「明るく無邪気」に「素直」にお願いする**。

そして**お願いは等価交換ではない**。ということ。
これは 3-09「『違い』を知った上で、あなたはあなたのままでいい」にも繋がっています。「〇〇をお願いするからそれだけのことを自分もしないとダメなんだ」とは思わなくていいんですよ。

2-05 わがままもプレゼント

関連動画→

みなさん、ワガママに生きていますか？
ワガママというと「面倒臭い人！」「相手に迷惑をかけてる人！」というイメージを連想する人は多いのではないでしょうか？
でもこのワガママ、人間関係では意外と相手へのプレゼントになることを知っていますか？

こんな場面を想像してみてください。
彼女は彼にご飯を作ってあげたいと思い、彼に「何か食べたいものある？」と聞きました。すると彼は彼女に気を使って「なんでもいいよ」と答えました。彼女はその返事を聞いて"なんでもいいよって何作ればいいんだろう？"と悩み考え、彼が好きな生姜焼きを作ってあげました。
食後、彼がポロっと
「俺、生姜焼きも好きだけど、今日はハンバーグ食べたい気分だったんだよなー」すると彼女は「それ最初から言ってよ‼ 怒」と大喧嘩……

これ、お互いが気を使って自分の気持ちを抑えたことによっておきた「すれ違い」ですよね。もし彼が最初から「ハンバーグを食べたい♪」と彼女に希望を伝えていれば、彼女はハンバーグを作り、彼のお願いを叶えることもできたし、彼も自分の食べたいものを食べることができていたのです。

「ワガママ＝自分の気持ちを伝える」 ことは、**相手にとっても自分にとってもプラスになる**ことが多々あるのです。

これは、食事の場面だけではなく、誕生日やクリスマスのプレゼントでもとても重要になります。

彼から「誕生日プレゼントなにが欲しい？」と聞かれたとき「○○君からもらえるなら何でも嬉しいよ」と返答してしまってはいませんか？

この答え、男性は「なにぃ??　じゃあ何をプレゼントすれば喜んでくれるんだよー！　わからないよー」と言いたくなる一番言われたら困る回答です。

それよりも、ネックレスが欲しいとか、一緒に旅行に行きたいとか、水族館に行きたいとか、ワガママを言ってもらえたほうが、男性は彼女の願いを叶えることができるので、男性も楽な気持ち、幸せな気持ちで対応することができます。

「お願いをしてしまうと相手に迷惑をかけちゃうんじゃないかな……」とか「ワガママを言うと嫌われるんじゃないかな」と思ってしまうかもしれませんが、むしろ**ワガママを言うことで相手が楽になれる**ということはすごく多いんです。

【お断り型のワガママプレゼント】

ワガママは断るときにも使えます。これは職場で使いやすいですね。

例えば上司からの指示で、グループであるプロジェクトを立ち上げることになりました。そのグループの中で「前に出て発表するプレゼン係」、「情報収集のリサーチ係」、「スケジュール管理や事務全般係」といくつかの役割があって、本当はプレゼンが得意なのに自分の苦手な「スケジュール管理や事務全般係」を上司からふられたら「僕は、数字や管理って大の苦手……人前で話すプレゼンの方が得意なのに……でもしょうがないか……」と諦めていませんか？

ここで「しょうがないか」と嫌なものを受け入れている人は周りの人が「私はそれできません」「お断りします」と言っている人を見ると「そんなワガママ言ってみんなに迷惑かけるなんて社会人として失格です！　ダメ！」とさばきた

くなるし、イライラしてしまいます。

なので、そこは勇気を出して
「実は、事務は苦手でして、プレゼンの方が得意なのでそっちをやらせてもらえませんか？」と言ってみる。
あなたがその「○○はやりたくない、△△がやりたい」というワガママを言うことで、もしかしたらプレゼン係を指名された人が「助かった！　私はプレゼン苦手で！　事務のほうが得意だったんです♪」という人も出てくるかもしれません。

そうすると、プロジェクトを成功させたい上司としても「得意な人にお願いできた」と喜んでもらえますし、得意な事務仕事で役に立て仲間からも喜ばれるし、自分も得意なことや希望が叶って嬉しいですよね。

あなたのワガママがまわりの人にとってのプレゼントになるかもしれないのです。これをやりたい、これはやりたくないというワガママ・希望。自分の気持ちをみんなが言い合えることで、結果、みんなが得意なことを受け持ち、仕事を円滑に進めることができるなんてことにもつながりますからね。

　　ワガママ＝自分らしくいること

「好き」「嫌い」「やりたい」「やりたくない」そんなあなたのワガママ、自分の気持ちを全部大切にしてみませんか？

どれにしたら「いい」か、どれにする「べき」か、どれを選んだら「間違えないか」ではなく、**自分は何を「したい」のか。**

自分で意見を言って選択をするということはとても勇気がいることかもしれません。**でも選択をすることは自分に生まれてきた感情を大切にする、自分を大切にするということになります。**

我慢をするというのは自分を大切にしていないことにもなります。
「ワガママは言っちゃダメ」「もっと大人にならなきゃ」という感情も大切かもしれませんが、自分の思いを素直に出すことも大切なことです。
例えばランチに行く時に、みんなが何を食べるのか顔色を伺うのではなく、自分が食べたいものを食べる。休みの日、自分は何をしたいのか、どんな服を着たいのか、**自分の「したい」という気持ちを自分に聞くことをクセにする。**
このようなことを日常的に意識して自分の気持ちを大切にすることで、少しずつ自分の気持ち・自分の希望・ワガママを言えるようになってきますからね。

自分にとっては難しいことでも、相手にとってはとても簡単なことかもしれない。「私にとっては難しいから、人に頼っちゃいけないのではないかな」ではなくて、どんどん頼っていくことで、世の中は回っていくんです。

法律に詳しくないと思ったら弁護士さんを頼るし、病気になってつらいなと思ったら、お医者さんに頼るでしょう？

自分で一生懸命治そうとしても治らなくて「もっと早く来てくれればよかったのに」と言われちゃったりしますよね。お医者さんなら簡単に治せることかもしれない。そういうふうに、世の中って支え合っていくんです。

自分のできないことはどんどん相手に頼る。それでいいの。
相手に頼ることも大切だということを覚えておいてください。

2-06 信じて待つ・悩ませてあげることもプレゼント

関連動画→

コミュニケーション講師の仕事をしていると「こういう場面のときはどうすればいいですか？」「こう言われたらどう返せばいいですか？」という相談をよく受けます。

先日も、小学生の保護者向けの講演会で「反抗期の子どもたちに対して、上手くコミュニケーションをとる方法を教えてください」という質問をいただきました。

私の考えはコミュニケーションで一番知っておいて欲しいこと、それは**「これをすれば正解」ということはない**、ということです。

お医者さんの薬でさえ、この医学が進歩した今でも絶対に治る薬はありませんよね。人によってはこの薬が合う、合わないってありますよね。

コミュニケーションはもっとアナログなものなので、これを使えば絶対に大丈

夫だよというものはありません。
だから、反抗期の子どもに対する正しい接し方なんて正直言ってないのです。

コミュニケーションで大切なのは、これをやればいいとか、これをやれば間違いないとか、これをやっていれば大丈夫とか、こういうことをすべきとか、そういうテクニックを学ぶことではなく、
【どれだけ相手に心を傾けられるか】が重要になってきます。

「反抗期だからこれをする」ではなく、まずは今うちの子は何を考えているのかな、どういう状況なのかな、を考えてあげること。
で、もしわからないなという時は、相手を信じて諦めましょう。
そして、ここで大切なのが**【信じて待つ】**ということです。

最初からコミュニケーションの答えを求める人は、まずその時点で相手を信じていないことが多いです。
「なんとかしたい！」「私が何かすれば良くなるはずだ」と思っているし、私が何かをしてあげなければどうにかなっちゃうんじゃないかと相手の可能性を信じることができない状態だったりします。
そうではなく、相手の可能性をちゃんと信じて「うちの子だから大丈夫」とか会社の場合には「うちのスタッフだから大丈夫」とまず信じてみましょう。
信じて待つってすごく難しいことなんだけど、すごく大切なことなんです。

私の家族のことになりますが、私は10代の頃から新宿2丁目に入り浸りでした。毎週末、多い時では平日も行っていました。そして朝帰りをよくしていました。でもその時親はすごく不安だったと思いますが「今どこにいるの？」「何時に帰ってくるの？」と私に問いただすことはありませんでした。

でも大人になった今は、その放っておいてくれた経験が自分にとってすごくありがたかったことだなと思い、成人してから「なんでお母さんは私が夜遊びを

していた時に、私を止めなかったの？ とがめなかったの？」と母に聞いてみたことがあるんです。

その時母が言ったのは
「あなたはあの時悩んでいたでしょ？ あなたもあなたで自分のことをわかっていなかったでしょ？ そんな時に、あなたは何したいの？ 何時に帰ってくるの？ どこにいて何をしているの？ と聞いたらあなたは家を自分の居場所と思えなくなってしまったんじゃないかな？ だから私は不安だったし、心配もしたけれど、うちの子だから大丈夫と信じて待つことにしたの」ということでした。

私は母の偉大な愛に、今すごく感謝しているし、それを聴いたとき私自身はそれがまだできていないな、まだまだだな、と思わされました。

私は自分のお店をやっていた時、自分のスタッフが悩んでいそうだなと思ったら「あなた今悩んでいるよね？ なんかあったら言って。もしかしてこういうことで悩んでいるんじゃない？ こうしたらいいんじゃない？」とアドバイスをしてしまっていました。
そうやってすぐに手を差し伸べていました。
それが愛だと思っていたからです。

でもそんな私の行動が原因で、余計スタッフに辛い思いをさせてしまっていた

んだなと今となってはわかります。
悩ませてあげること、考えさせてあげること、それも愛なんだなと。

こういう時はどうコミュニケーションをとったらいいのでしょうか？ と聞かれたら、もちろん私はコミュニケーション講師なのでいくつかの案はお伝えします。「こういう考え方もあるんだよ」「もしかしたらこういう状態かもしれないよ」「こういうのやってみたらいいよ」という考え方やテクニックはいくらでも持っています。

けれども、私もそれをむやみに教えようとは思っていません。
できれば、一緒に悩んで欲しいし、相手を信じて待っていて欲しいし、相手がどういう状態なのかなと相手に心を傾けて欲しいからです。

良好なコミュニケーションをとるためには、**答えを求めるのではなく、相手に寄り添い、相手を信じることこそが、相手が喜ぶコミュニケーションになる**のです。

2-07 相手以上に感情表現をしてあげる

関連動画→

妻が怒っているとき、友達が怒っているとき、仕事仲間が怒っているときなど……相手に対してどんな態度で接すればいいのが正しいのか、迷った経験ありませんか？ もしそのような場面に遭遇したとき、とっておきの対処法があります。

それは、、**【相手以上にこちら側が怒ってあげる】**ということです。

例えば奥様から「パート先の先輩がさ、急に休み代わってくれって言ってきて仕事を押し付けるの！ もぉ〜ひどいよね」という話を聞いたとします。
すごく怒るほどではないことだけど、やられた本人はとてもイライラしているんだなと感じたときは、こちら側が「それはひどい!! なんてひどいことをするんだろう！ 押し付けるなんてひどすぎる!!!」と相手以上に怒ってあげるのです。
あなたが相手以上に怒ってあげることで相手は
「そこまでじゃないんだけど……」と言いながらも、
あなたが自分の気持ちをわかってくれたことをとても嬉しく感じ、気が楽になります。

あなたの同僚のAさんが上司に言われもない理由で怒られたとします。
Aさんは大人ですから、心の中では「なんで自分が？」と思いながらも、そこであえて反論はせずに「すみません」と受け取りました。
こんな場面、仕事をしているとよくありますよね。

このように本当は怒りたいけれど怒れていないＡさんがいたとしたら、「さっきの〇〇部長の態度はないですよね!! こういう時ばっかりこっちに押し付けてきて！ 自分見ていてすごくむかつきましたよ!!」とＡさんの代わりに、Ａさんが心の中で思っていそうなことをあなたが言葉に出して言ってあげるのです。Ａさんが我慢している分をあなたが代わりに怒ってあげるとＡさんの気持ちは意外と晴れるものなんです。

私はこの法則を、接客業の時に編み出しました。
とても不機嫌なお客様を接客していて、来店してすぐにビールを頭からかけられました。まだ何も話していないのに……その後も終始不機嫌で誹謗中傷、悪口を言い続けてようやくそのお客様は帰られました。
新人だった私はやるせない気持ちで、辛い、泣きたい気持ちを堪えていたら先輩から「あのお客様はね、心が病んでるのよ！ 誰にでもああいう態度なの。貴女の接客に落ち度はないわ！ 本当にムカつくわよね～来なければいいのに！ あ～もぉ大っ嫌いよ！ あんなヤツ!!」と私の気持ちを代弁して怒りを表現してくれたんです。私は救われました。
この経験から、相手の感情を代弁することの大切さを学びました。

相手の声・気持ちを代弁してあげることって、コミュニケーションの上ではとても大切なことです。
相手の代わりにあなたが怒ってあげることで、相手は「ありがとうね！ 怒ってくれて。少し落ち着いたよ」という気持ちになることができます。
これは怒りだけではありません。**喜怒哀楽全部に使うことができます。**

何か悔しいこと、悲しいことがあった時、友達があなたの代わりに泣いてくれたりしたら、なんだか自分もスッキリしたなんて経験はありませんか？
自分の気持ちをわかってくれている人がいるとわかるだけで、スッキリすることができるんです。それは**相手に感情表現の「許可」と「共感」をプレゼントしている**からなんです。

思いっきり喜んでいいんだよ
思いっきり怒っていいんだよ
思いっきり哀しんでいいんだよ、泣いていいんだよ。
思いっきり楽しんでいいんだよ、笑っていいんだよ。

という**「許可」**と**「共感」**です。
自分の中では「ちょっと良いことあったな」と思ったことをしたとしても、だからといって自分で自慢するほどじゃないということってあるでしょ？
それを相手がポロッと話してくれた時に「すごいじゃん!!! それって最高だよ！ 超いいねー♪」と相手以上に喜んであげると、それだけで相手も喜んでくれます。

相手が自分の味方だと思えることを相手に伝えてあげてみてください。
そうすると相手の気持ちを少し楽にすることができますからね。

 距離感は自分へのプレゼント

関連動画→

嫌いな人ばかりを意識していませんか？
みなさんは、人に嫌われたくないですよね？
私も昔は、常に周りの目を気にして、嫌われないようにしようと心がけてきました。
けれど私の水商売の母、真沙美ママからこんな言葉をプレゼントしてもらいました。「人に嫌われたくないと思うのは間違ってはないわ。でもね、自分のコトを嫌いになりそうな人、自分のコトを嫌いな人の方ばかり気にするのはダメよ。貴女のことを好きでいてくれる人、貴女のことを応援してくれている人に

もっと愛されることを心がけなさい。」

その時、私には稲妻が落ちました。

確かに私は、自分のことを好きでいてくれて、応援してくれている人よりも、私の陰口を言う人、私のことを毛嫌いする人などに怯えて、その人たちのことばかり考えて萎縮してしまい、行動も生き方も小さくまとまって、自信は無くなり、目立たないような行動をしてしまっていたのです。

そういう私のマイナスな姿は、私を好きでいてくれる人を悲しませ、応援してくれている人をないがしろにしていたのです。

そんな私の中途半端な姿は誰も喜ばせていない、誰も笑顔にすることができていませんでした。

嫌われている人を気にしすぎて自分も笑顔になれてなかったんです。

ママの言葉には続きがあります。

「いいじゃない、ちゃんと嫌われちゃって。大丈夫よ、あの人達は貴女の人生には無関係だっただけ。嫌われたくない、でも好かれたい、という中途半端な姿、中途半端な立ち位置は、中途半端な仲間しかできないわ。それよりも、**ちゃんと嫌われて、好きでいてくれる人の方をまっすぐ向きなさい**。私のことを好きでいてくれてありがとう！ という笑顔を相手にプレゼントしなさいな。素敵な仲間が作れるわよ」と教えてもらいました。

皆さんも同じ経験はありませんか？

嫌われている人ばかりを意識して、側にいる大切な人をないがしろにしてしまったこと。その人は、**あなたが頑張ってまで好かれたいと思うほど、必要な人ですか？**

自分のことを嫌いな人は、潔く切り捨ててしまいましょう。

嫌いな人と無理に仲良くなろうとして、中途半端なコミュニケーションをとるよりも、自分のことを好きな人に全力の愛を注ぎましょう！

前の項目で「嫌われたくない」ということと、「自分を好きになってくれる人を大切にしよう」と書きました。
それをわかりやすく図解したのがコチラ。

```
           「人を嫌ってはいけない」というルール
    嫌われない        好かれない
       嫌われたくない
    ─────────────────────
       好かれたい
    嫌われる         好かれる
           人とは離れても良いという許可
```

「嫌われたくない」 で生きている人は、嫌われたくないと思って人とコミュニケーションを取るから、**「嫌われない」ための言動を優先**して選択します。
そうすると、「嫌われない」ことをやるから嫌われることは減っていきます。
でもそれは、**「自分」を押し殺すこと**でもある。

「嫌われない行動」ってどういう行動かというと、自分の意見や気持ちは後回し、発言もせず、自己主張せず、目立たないように、個性は出さない。相手主軸で生きる。常に相手に合わせる。相手に流されて、他人軸で生きている。目指せ無難！

そうすると嫌われることは少なくなります。でもそれだと、無難な人、多くの中のひとり。特別ではない存在になるから、好かれることも難しくなります。嫌われにくいけれど。その代わり好かれにくい。そして「嫌われたくない」で生きている人は、**「人を嫌ってはいけない」というルールも持っています。**

反対に **「好かれたい」** で生きている人は、好かれたいと思って人とコミュニケーションを取るから、**「好かれる」ための言動を優先**して選択します。
そうすると、「好かれる」ことをやるから好かれることが増えていきます。

好かれることが増える⁉ それって最高じゃん！
うんうん。でもね、ひとつ落とし穴もあるの。
自分のことを「みんな〜私のことを好きになってよー♪」という人だから、「好かれる行動」を選択するのですがそれは自分の意見や気持ちを大切にしている。発言も多め。自己主張も強め、目立つ、個性的、自分主軸。みんなを引っ張っていくリーダータイプ。自分軸で生きていて、目指せ人気者！
そうすると、好かれることももちろん多いのですが、**ある一定数からは、ちゃんと嫌われる**ことでしょう。笑

少し極端な例ですが芸能人さん。みんな個性的で魅力的で人気者です。ものすごく好かれているし、人気もあるけれど、好かれている芸能人には必ずアンチも存在していて、ある一定数からはちゃんと嫌われています。

これは芸能界とか、有名人とかだけの世界ではなく、一般社会、会社や学校でも同じです。

では、あなたはどちらで生きたいですか？

「好かれたい」で生きる選択をした人は、嫌われることを知っているから、「自分は愛される存在だけど、ちゃんとどこかで嫌われているんだ」ということを理解しています。

嫌われてもいいや。でもその分、ちゃんと好かれているし。

その【流れ・しくみ】を理解しているから**「人とは離れてもいい」「人と距離を置くことは悪いことではない」ということを自分に許可している**んです。

「人を嫌ってはいけない」というルールの逆だから「人を嫌ってもいい」になると思うかもしれないけれど、それってちょっと嫌じゃない。人を嫌ってもいい

人生って。最初は、私もこの図の一番下の部分は「人を嫌ってもいい」と書いていたの。でも「人を嫌いになること」ってものすごくエネルギーが必要じゃない。

だから変えちゃいました。嫌いになるのではなく、**人と離れてもいいという許可を自分に与えようと思ったの。**
嫌いになるくらいなら、離れればいい。別々の道でいい。ということをちゃんと自分で思っておく。

ものすごく仲良かった相手と、ふとした時に考え方や価値観に違いが生まれうまくいかない時もあります。そういう時は、無理に一緒にいるのではなく、別々の道を行ってもいい、離れていい。会わなくなって、連絡も取らなくなっていい。

その時に「あなたを嫌いになりそうだから離れるね」とか言わなくていいですよ。

何も言わず、ただ離れればいいんです。もしかしたら、数十年後か、数年後か、数ヶ月後か、数日後か、わからないけど、また距離が縮まり、仲良くなる時もある。

その時に以前「嫌い」と思ってしまった相手とはギクシャクしてしまいやすいんです。でも**「離れただけ」**の場合にはまた**「仲良くなる」ことも簡単**です。

そうして**「人を嫌いになるのをやめてみる」**と新しい人間関係の作り方が見えて来ますよ♪

【「好かれたい」と「嫌われたくない」の行ったり来たり】
もちろん、「嫌われたくない」を選択してもいいんです。
「好かれたい」にシフトしたいと思う人もいるかもしれないけれど、やっぱりそのぶん人に嫌われるのってとても勇気がいる。

だから、どっちがいい、どっちがオススメ！ というわけでもないんです。

「では吉井先生はどっちで生きているんですか？」とよく聞かれるのですが、私は表に立って「吉井奈々」として講演しているとき、吉井奈々として活動しているときはエネルギーをプレゼントする側だと思っているので「好かれたい」にシフトしていますが、「嫌われたくない」の自分のモノサシも大切にしています。

昔の私は、ビジュアル系バンドが大好きでコスプレして、髪も赤！ 青！ 緑！ 金！ 白！ とカラフルで個性的なものが大好きでした。さらにオタクでマンガアニメゲーム PC が大好きで、でもそんなオタク臭くてサブカル臭している自分が個性的だと思って好きだったり、水商売・オカマバーで働いていたときも、個性的で魅力的で輝いている存在に憧れて、人気ものになりたい！ と思っていました。

でも今の私は、ファッションや考え方、生き方も、あまり個性的な方ではなくどちらかと言うと保守的。
老若男女、おじいちゃんおばあちゃん、主婦や会社員、学生、多くの人から嫌われない、溶け込む生き方を心がけています。
この本書に書かれている私の考え方・コミュニケーション論も、ものすごく目新しい突飛な考え方ではないと思います。
職業も「コミュニケーション講師」が本職とは思っていません。本職は「主婦」です♪

だからね。
「好かれたい」も「嫌われたくない」も行ったり来たりしていい。

無理に好かれたいゾーンに行くと、そっちで疲れてしまうこともありますからね。

ミュージシャンで、インディーズやメジャーデビュー当時は個性的で刺激的なミュージシャンだったのに、人気が安定してくるといつの間にか急に牙が抜けたように落ち着いたりするでしょ。そういう時期もくる、ということ。

社会や組織の一員としてうまくやって行くときには、「嫌われたくない」ということも必要だからね。

【受け流すということ】
友達との距離感で一番いいのは、嫌いになるのは疲れるし、嫌われるのも疲れるので……**"ちょうどいい距離をとる"と思っておくと、とても気が楽**になります。仲がいいから全部何でも話さなくちゃ！　と思わなくてもいいんですよ。

この人には仕事の悩みを相談できる、でも恋愛の悩みは他の人に。
この人とは趣味を共有できる、でも仕事のことは話せないとか。
それでいいと思います。

仲がいいからといって、**全て共有する必要はない**んです。
この人とは映画を観に行く関係とか。ショッピングするだけで楽しいとか。
そういうのって絶対にあるはずです。

だから私は**「八方美人上等！」**だと思っています。
男性の前の自分、女性の前の自分、会社の仲間の前の自分、主人の前の自分、、、全部いろいろな自分の顔をもって、ちょうどいい距離をとる。

それが一番楽しく気楽に人生を送れるポイントではないかと私は思います。

真面目に受け止めすぎず、程よく受け流す。
仕事をしていると、先輩や同僚、取引先の人、さまざまな人と話す機会があり、その時々で嫌なことを言われてしまったり、怒られたりして傷つくこと、ありますよね。
プライベートでも、パートナーと会話をしていて嫌な空気になってしまったなんてことも。

そういう「人との関わり」で疲れてしまう人やへこんでしまう人の多くは「真面目な人」がとても多いんです。
真面目に人の言葉を受け止めてしまうから、人との関わりに疲れたり、自分がパンクしてしまいます。

接客のプロである水商売をしている人でも、デビューしたては「真面目にお客様の言葉を受け止めてしまう」ことでへこんでしまい、元気だったはずの子が鬱のような状態になることもあります。
特に水商売のお客様はお酒も飲んでいるから、酔った勢いで言いたい放題に若い子を毒舌でイジってしまうこともありますからね。

皆さんも「人の言葉を受け止めてしまうクセ」ついちゃってないかな？ そんなあなたへ一つアドバイス。
「受け止める」のではなく「受け流して」 みてね。

それが「スルーするチカラ」、**「スルー力」** なの。
これはコミュニケーションではとても大切なこと。

「受けて、流す」から「無視」とか「聞いてない」のとは違います。ちゃんと聞くけれど、受け流す。

川にある大きな石になったイメージで、流れを止めるのではなく受けたら「スル〜」っと流してしまいましょう。

これは精神科の先生とかカウンセラーも上手に使っています。患者さん・クライアントの悩みは「ちゃんと聞く」けれど、相談されたからといって、自分で受け止めて抱え込むことはせず、毎回ちゃんと受け流す。だから毎日ちゃんと相談を聞けるんですよね。

たまには**「真面目に受け止めてしまう自分」を「受け流し」で楽になってみてね♪**

> **鈴木先生の解説**
> ●八方美人とは、いろいろな顔を持つ、いろいろな自分の引き出しをもつということです。一つの引き出ししかもっていないと一つの対応しかできませんが、多くの引き出しを持っていると色々な対応ができます。受け流すということを実践してみましょう。

第2章 相手とのコミュニケーション

鈴木先生のレクチャー 5
信頼（trust）・愛（love）

　信頼を社会学的な概念としてとらえたのは、G.ジンメルでした。ジンメルは、信頼、信用、信仰の関連性について論じています。ジンメルによれば、信頼は「人間についての知と無知の中間状態」、信用は「無知と知の彼方」であるがゆえに信仰に近いものとされます。人と人を繋げるものには、お金（貨幣：ジンメルには『貨幣の哲学』という著作があります）、力（権力）といった条件的なメディアがある一方で、信頼、信用、信仰といった規範的なメディアがあります。信頼を社会（学）的なメディアとして、そして信用・信仰を宗教（学）的なメディアとしてジンメルは理解しようとしたのです。

　信頼は、人間についての〈知〉と〈無知〉の中間状態。わたしはあなたを完全に知ることはできません。だから〈信じて〉〈頼る〉というわけです。あなたとわたしを結びつける社会的メディアこそ、「信頼」（trust）（あなたを〈信じている〉＝あなたを〈頼りにしている〉）というメディアなのです。また、ジンメルは〈愛〉についても論じています。ジンメルによれば、〈愛〉も社会的なメディアとなります。あなたとわたし、好きで一緒で。ここから「社会」が始まるというわけです。けれども、あなたとわたしをつなげるメディアはその正反対のものに変化します。たとえば、信頼というメディアは不信というメディアに、愛というメディアは憎悪というメディアに変わってしまったりします。ジンメル流に言うならば、信頼と不信、愛と憎しみは隣りあわせというわけです。

　あなたとわたしをつなぐ「メディア」を「一般化されたシンボリック・メディア」として表現したのがタルコット・パーソンズでした。パーソンズのいう「メディア」は、貨幣（経済）、権力（政治）、影響力（社会）、

価値コミットメント（文化）の四つです。パーソンズのいう社会（学）的メディア、「影響力」は人と人を「連帯」させるものとして論じられていますが、のちにニクラス・ルーマンがいう「愛」というメディアに置き換えてもよいでしょう。パーソンズの「メディア論」のポイントは、それぞれのメディアは多すぎても（メディアのインフレーション）、少なすぎても（メディアのデフレーション）いけないという点です。愛というメディアは多すぎても少なすぎてもいけない。貨幣、権力、価値とのバランスにおいて、愛というメディアもバランスよく循環しなければならないというのです。「愛のインフレーション・愛のデフレーション」、「愛は多すぎても少なすぎてもいけない」、「愛はバランス」。恋愛論は社会学の真骨頂です。

鈴木先生のレクチャー 6

役割・役割言葉

　「役割」（role）は社会学の重要概念の一つです。人類学者ラルフ・リントンは「役割」は「地位」（status）とセットになっているとし、これを社会学者であるパーソンズは『社会体系論』（1951）において、役割は集団や社会によって期待される行為のパターンであるとして、社会におけるさまざまな「地位―役割セット」を議論しました。たとえば、大学の場合、教師という「地位」と学生という「地位」があり、教師は教師としての「役割」を、学生は学生としての「役割」を果たすといった具合です。

　『社会体系論』以後のパーソンズは、一般概念図式（抽象的な理論）をより具体的に議論するために、家族を取り上げて、夫（父）、妻（母）、子という「地位」、それに付随する「役割」という形で、アメリカにおける家族の変化を議論しています。夫（父）、妻（母）を一般化して、男と女という「地位」、それに付随する「役割」、すなわち「男」と「女」の「役割」、パーソンズはこれを「ジェンダー・ロール」ではなく、「セックス・

ロール」と呼びました。セックス・ロールがジェンダー・ロールと呼び方が変わるのは、1970年代の「女性解放運動」以降です。男は男としての役割を演じようとする。また演じることを期待されている。女は女としての役割を演じようとする。また演じることを期待されている、というわけです。

　奈々さんのいう「役割言葉」はパーソンズらの「役割理論」で説明できそうです。役割言葉は、それぞれのジェンダーに固有なものでも固定的なものでもなく、コミュニケーションがうまくいくための重要なツールとなるのです。わたしたちは意識するしないにかかわらず、好む好まざるとにかかわらず、複数の地位にあって、それに付随する役割を演じています。これがわたしたちの日常生活です。ここに「役割言葉」を入れ込みます。こうすることで、わたしたちの平凡な日常が変化していきます。役割言葉をポジティブにすれば、自分もコミュニケーションもポジティブになっていく。逆に、役割言葉をネガティブにすれば、自分もコミュニケーションもネガティブになっていく。「地位―役割セット」から「地位」を外して、「役割言葉」をプレゼント。そして、ポジティブな「役割」を引き出し、演じさせる。「役割言葉」、名言です。

Chapter 3

男心と女心のカンチガイ

3-01 自分と相手は同じ考え方ではない
―― 考え方・感じ方・違いを知ろう

関連動画→

動物には**「少し違う見た目のもの」を怖がる**という**本能**があります。
それは人間も同じです。

例えば私の肌の色がシュレックやピッコロ大魔王のように緑色だったら、
「人間の肌が緑色なんて聞いたことが無い！ 変だ！ 脅威だ！ 魔族だ！」というように恐れられるでしょう。
それは「緑色の肌の人は居ないハズ」という「情報」が自分のデータベースにインプットされているから、データベースに無い存在はバグ。脅威なんです。
しかし、事前に情報として「緑色の肌の人もいる」ということを知っていれば、脅威にはなりません。「あ、こういう人もいるんだよな」くらいで恐れることもなく、問題にすらならないんです。

この「違い」をいかに知っているか、理解しているかが大切になってきます。

同じ性別でも、同じ歳でも、同じ仕事をしていても、同じ役職でも、違う人間ですから、考え方も、感じ方も、受け取り方も、違うということ。

同じ男性でも、例えば文系・理系・体育会系の人で考え方がぜんぜん違う。
男なら男らしく！ スポーツだ！ 筋肉を鍛えるんだ！ というのも変ですよね。
同じ女性でも、料理を作るのが得意な人、運動が得意な人、ファッションや美容が大好きな人、結婚に興味のない人、子どもがほしくない人、子どもが大好きな人。
人の数だけ考え方があり、生き方があります。

また私のように「男に生まれて、女になって、結婚しました」という人もいます。私達の業界の中でも夜の蝶として輝くのが好きな人、昼の社会でOLをやりたい人、主婦をしたい人、色々います。十人十色なんです。

こういう「違い」を知っていると、**相手を「否定」ではなく「尊重」できるようになります。**

そしてその**「違い」を楽しめる**ようにもなるんです。
例えば「海外旅行」が一番わかりやすいですね。
日本と全然「違う」国だから面白い。
そこで出会う人も、文化も、価値観も、考え方も、全て違う。だからこそ面白いんですよね。
これが「海外」と思うと「違って当たり前」と思えるのですが、身近な存在になればなるほど「違って当たり前」と思えなくなってきます。

なぜでしょう？
それは【普通】というキケンなモノサシを無意識に使っているからです。
コミュニケーションでは【普通はNG】ということを覚えておいて下さい。
さぁ、自分のことだと思って想像してみてください。

あなたは自宅の冷蔵庫に、お気に入りのお菓子を入れておきました。
忙しくてなかなか食べられなかったのですが、「やっと今日食べられる！」と冷蔵庫へ直行。すると、お菓子がなくなっていました。
おかしいなと思ったあなたは、旦那さんに、「ねぇ、冷蔵庫にあったお菓子、

知ってる？」と聞いてみると「あぁ、ずっと冷蔵庫に置いてあったから、いらないのかと思って食べたけど」と返答が！
すっかり怒り心頭のあなたは「はぁ？ 私に相談なしに食べたってこと？ 普通はそういうことしないよね！ 普通、聞くでしょ？」と彼を怒りました。

人間関係のよくあるトラブル・ケンカの多くはこの【普通】が原因となっています。自分にとっての【普通】のモノサシ。

　「普通はこれくらいやってくれるよね」
　「普通、社会人ならこれくらい当たり前だよね」
　「普通だったら、初デート記念日は忘れないよね」

いやいや……難しいですよね。
あなたの普通と、私の普通は違うからそこを押し付けられても……となってしまいますよね。お互いの【普通】をぶつけ合うと、自分の信じている【普通】の基準で対立して戦争のような大喧嘩にもなりかねません。
なので**「私」と「あなた」 1対1のコミュニケーションの場合には「普通はNG」**なんです。

今回のケースの場合、「一言、言ってほしかった。私、あのお菓子をすごく楽しみにしてたんだよ、悲しい！ 傷ついてる！」というように、伝えましょう。
あなたがどう思ったのか？ 相手に何を伝えたいのか？「自分の気持ち」を乗せて、しっかり伝えないと相手にあなたの思いは伝わりません。
また、「普通はできるでしょ？」と相手に言うということは、「あなたは平均以下です／社会不適合者です／社会との価値観とずれていますよ」というメッセージにも捉えられかねません。
しかも、「普通は」と言われてしまうと相手は逃げ場を失い、結果的にただ単に余計にへそを曲げてしまうのです。
「普通」を使ってコミュニケーションをすると、相手からも「普通」で返され

てしまいます。あなたはいいと思っていることでも「俺からしたら、"普通"はそんなことしないし！」と、「普通返し」されてしまう可能性があります。

そもそも、**「普通」は人によって違います。**

だからこそ、「私」を大切にして「私はこう思ったから、私はあなたにこうして欲しかった」とあなたの気持ちを相手に伝えるようにしましょう。

一方、**相手を褒める時の「普通」という「感覚」は重要です！**
相手がしてくれたことに、「そんなの普通のことでしょ」「それは当たり前」と思うことがあります。そう思ったときこそ、相手をたくさん褒めてあげるようにしましょう。

例えば、今は共働き夫婦も増えていて、家事の分業は当たり前になってきています。旦那さんや彼氏が普段やらない家事をしてくれたとき、「そんなの普通！　私はいつもやっているし！」と言うのではなく、「ありがとう！　すごく助かったよ」と言い換えましょう。

「普通」かどうかの基準で考えてしまうと、世間ではこんなこと「当たり前」だったりするかもしれません。友達に話したら「ちょっとそれって褒め過ぎ？」と思われるかもしれません。
でも、あなたと私の話なんだから、いいじゃないですか。
もっともっと、褒め過ぎてしまいましょう！

人間関係・コミュニケーションは**【普通】のモノサシではなく、「違って当たり前」の前提が大切**です。ここからは、その「違い」を楽しむために、さまざまな「違い」を紹介していきますね。

> **鈴木先生の解説**
> ●「違い」を知ることで、相手を「否定」ではなく、「尊重」できるようになる。
> 「違い」＝「多様性」を尊重することこそがまさに社会学なのです。「今」「ここ」にいる「あなたとわたし」が繋がることから社会学の研究がはじまります。「社会」とは「会社」や「組織」というような大きなものではなく「あなたとわたし」その関係性でもう「社会」なんです。
> これが「社会のはじまり」です。つまりあなたとわたしの違いを知ることが社会学を始める第一歩となります。

3-02 男心タイプ・女心タイプの違い

関連動画→

この「男心・女心」というキーワード、皆さん一度は「男性脳・女性脳」って聞いたことありませんか？ ここではその「脳」ではなく「心」でわけてみました。

なぜかというと、私は脳のプロではないので男性脳・女性脳というキーワードがしっくり来なかったから♪
そして私のこの生き方ですから、「男性はこう考える」「女性はこう考える」という「男女」の分け方もしっくり来なかったんです。

そこで本書では「男心」「女心」として、また脳の構造の話をするのではなく「心のあり方」にフォーカスしてお伝えしていきます。

男心・女心というものは、固定的ではなく実は流動的なものです。
人生を通してずっと私は男心派だ、女心派だというものが決まっているわけで

はありません。

例えば「若い頃自分は男心派だったけれど、結婚をしたら女心派になった」という場合もあれば、年齢を重ねていくうちに変わっていくこともあります。

これは、一日という短い時間の中でも変わることがあります。

仕事をしているときは男心で働いているけれど、家に帰ったあとは女心で生活しているなど人によってさまざまです。

ぜひこの部分も頭に入れながら、読み進めてみてくださいね。

では、私は「男心・女心」どっち寄りなんだろう？ と思いますよね。

また、相手は「男心・女心」どっち寄りなんだろう？ と知りたいですよね。

なのでザックリとした特徴。まるでA型の説明書とかさそり座の特徴、くらいのザックリですが「男心タイプ・女心タイプ」の特徴をコチラにまとめてみました。

こういう人が男心タイプ
- □ 会話にオチや目的を求めてくる・会議が好き
- □ 好きな言葉は成長
- □ アドバイスやサポートが得意
- □ 買い物の前には事前にリサーチ
- □ 喜ぶ顔が見たい・プレゼントしたい
- □ ナンバーワン・ヒーローに憧れる
- □ 偉人の名言が好き
- □ ドラマよりスポーツ番組が好き
- □ 仕事のトラブルは上司に報告
- □「すごい！ 知らなかった！ 最高！」と言われたい

こういう人が女心タイプ
- □ 雑談やおしゃべりが好きでついつい長電話
- □ 昔シンデレラや魔法少女に憧れた
- □ 相手の気持ちに寄り添うのが得意
- □ 買い物はその場の一目惚れやトキメキ優先
- □ 喜ばせて欲しい・プレゼントしてほしい
- □ オンリーワン・プリンセスに憧れる
- □ 占いが好き
- □ スポーツ番組よりドラマが好き
- □ 仕事のトラブルは親しい同僚に相談
- □「さすが♪ 素敵♪ センスがいいね」と言われたい

次の項目からもう少しくわしく説明していきます。

鈴木先生の解説

● 男心タイプ・女心タイプというのは、ジェンダー・アイデンティティのことではありません。「男ならば男心を、女ならば女心をもつ（もつべき）」と奈々さんが主張しているわけではありませんので、誤解のないようにお願いしますね。

3-03 男心タイプは【解決・結果・未来】女心タイプは【共感・過程・今】

関連動画→

「男心タイプ・女心タイプ」のキーワードはコチラです

男心タイプが好きなキーワードは**【解決・結果・未来】**
女心タイプが好きなキーワードは**【共感・過程・今】**

このキーワードを頭にインプットした状態で、相手とのコミュニケーションを心がけてみましょう。そうすると言葉が伝わりやすくなる。想いが伝わりやすくなります。

例えば会社で「スタッフを褒めたい」とき、せっかく褒めるんですから相手に喜んでほしいですよね。せっかくの言葉のプレゼント。ただ思いついた言葉でストレートに渡しても、受け取ってもらえないと残念な気持ちになります。

では「褒めたい気持ち」をどう伝えると受け取ってもらえるのか。
そこでこのキーワード【解決・結果・未来】【共感・過程・今】を使うんです。

例えば男心タイプのスタッフを褒める時。
「〇〇くん、この前の企画すごく良かったよ！ なんと売上が120％アップだったよ！ すごいよ！ キミのおかげだよ！ 〇〇くんは企画のセンスがあるからさ、次また秋にプレゼン大会があるからぜひ新しい企画考えてチャレンジしてみたらどうかな♪ 〇〇くんならできるよ！ 応援してるよ!!!」
というふうに褒めると相手は
「やった！ 僕は期待されているんだな！ 役に立っているんだな！ 僕の才能を

信じてくれているんだな！ 嬉しい！」と喜んでくれます。

この褒め方を分析すると

なんと売上が120％アップだったよ！**【結果】**すごいよ！ キミのおかげだよ！ **【解決】**次また秋にプレゼン大会があるからぜひ新しい企画考えてチャレンジしてみたらどうかな♪ ○○くんならできるよ！**【未来】**

というように**【解決・結果・未来】**を入れて褒めているのがわかります。

では、女心タイプのスタッフを褒める時。
「○○さん、この前の企画すごく良かったよ！ この企画作るの本当に大変だったよね。いつもの仕事だけでも手一杯だったのに、終電近くまでみんなで残って、忙しいなか頑張ってくれて本当にありがとう。私は○○さんと一緒に働けて嬉しいよ」
というふうに褒めると相手は
「良かった！ 私の頑張りを見てくれているんだな！ この会社のこういうところが居心地の良くて好きなんだ♪ 嬉しい！」と喜んでくれます。

この褒め方を分析すると

この企画作るの本当に大変だったよね。**【共感】**いつもの仕事だけでも手一杯だったのに、終電近くまでみんなで残って、忙しいなか頑張ってくれて本当にありがとう。**【過程】**私は○○さんと一緒に働けて嬉しいよ。**【今】**

というように**【共感・過程・今】**を入れて褒めているのがわかります。

伝えたい気持ちはひとつ「この前の企画すごく良かったよ！」これをどう伝えるとより一層喜んでもらえるか。野球でいう球種みたいな感じですね。褒め

第3章　男心と女心のカンチガイ

方・伝え方もストレート１本でなく、相手に合わせてカーブやフォーク、シンカーというように色々な球種で伝えるようになるとコミュニケーションしやすくなるんです。

> **鈴木先生の解説**
>
> ● ここでいう「男心＝解決・結果・未来」、「女心＝共感・過程・今」は、社会学者パーソンズのいう「行為の志向性」の議論の「道具的（インストゥルメンタル）」と「自己充足的（コンサマトリー）」に対応しています。道具的とは、ある目標を達成するための手段的な志向を意味します。目標に向かっていくという意味で「未来志向」となります。自己充足的とはそれ自体がその人の欲求をみたす今ここでの行為の志向を意味します。この意味で「現実志向」となります。

3-04 男心タイプはデータが好きで納得したい 女心タイプは五感で感じてときめきたい

関連動画→

異性が読む雑誌に目を通してみると、自分が読む本とは違うところが必ず見えてきます。記事の書き方、見出しのつけかた、特集記事の内容など表現の仕方や、写真の撮り方などが明らかに違うはずです。

私も水商売をしていた頃は、自分の読みたいものだけでなく、お客様が読む本・新聞・雑誌を読むように心がけていました。オカマバーだったので男性向け・女性向け両方読み漁りました。

これは私達の業種だけではなく、ホストさん、ホステスさんもこうして勉強す

るんですよ。

このトレーニングをしてみると、相手への言葉がけの仕方や、相手が注目するポイントが見えてくるので、会話にその情報をとりいれてみたり、異性の感性や注目するポイントを意識しながら会話ができるようになります。

特にわかりやすいのが、男性誌には【数字やデータ】がとても多く使ってあること。女性誌には未来の自分の姿が想像できる【ときめきストーリー】が多いということです。

例えば男性誌では、「売れ筋」や「使いやすさランキング」などはもちろん、例えば時計の紹介があったら、その時計の由来やつくられた時代背景や素材など、時計についてのデータがたくさん書かれているはずです。

逆に女性誌の場合は、データなどは情報として少ないんです。

数字や情報よりも素敵な写真をバーン！ しかも商品のみのアップではなく、その商品を使っている【日常】が想像できるような写真を使います。
広告もわかりやすいですよね。

男性向けのシャンプーには「貴重な○○成分を△△ml配合！」とか「育毛効果は、毛根の最深部に毛母細胞を活性化させ、細胞分裂が活発になることで、皮下から生えてくる新たな部分を……」というような数字、研究データ（裏付け・うんちく）の方に力を入れた「説明的」な広告になっているかと思います。

「説明」に「納得」すると購入意欲に繋がるんです。
自分基準ではなく社会的に認められた価値だということが「納得・安心」に繋がるんですね。

女性向けのシャンプーは「美容室帰りのように髪の毛がサラサラ♪ つやつや♪ 憧れのちゅるん髪♪」とか「デキる女は香りで選ぶ！ 彼にいい匂いだねって言わせちゃうモテシャンプー」など、詳しい成分データではなく、そのシャンプーを使うことで、その髪がどうなるか、どれくらいワクワクできるのか、どんな素敵な未来が待っているのか、について謳われています。
「ワクワク」や「憧れ」「ストーリー」が大切です。
他人基準、社会的基準ではなく、自分基準。自分がどれだけ幸せになれるかをが「トキメキ・ワクワク」につながるんです。

3-05　男心タイプさんをヒーローに 女心タイプさんをプリンセスにしてあげよう

関連動画→

【男心タイプに必要な"特別感"】
まず女心タイプの皆さん。
男心タイプと付き合うときに一番意識して欲しいことは**"特別感を与える"**ことです。

これは私が水商売の時にやっていたことでもあるのですが、例えば自分を指名してくれるお客様が何組か重なってしまった時、両方のお客様を一緒にフォローすることはできませんよね。
だからこそ、待たせてしまったお客様には特別感を与えることが重要になってきます。

本来、水商売って笑顔で頑張らないといけないものですよね。
でも、自分を指名してくれて待っていてくれたお客様の席に帰ってきた時は「あー疲れたぁ」とボソっと言ってしまうのです（これは 1-06 の「本音つぶやきの法則」ですね）。
そして「あ！ ごめんなさい。私○○さんの前だとつい甘えちゃうんだよね」この一言です。

他にも「○○さんの前だとリラックスしちゃって」とか「○○さんの前だけなんです、こういう素でいられるの」といってあげることで、言われた相手は自分だけは特別だと思い「そうかそうか、奈々も他の席でいっぱい頑張っているんだな、俺の席くらいだろ。気を抜いていられるの」なんてことを言ってくれるようになるのです。

このように自分だけ特別で、「俺はキミの苦労も全て分かっているくらいの、すごい男なんだぜ」的な**特別感を持つことで、男心タイプは気持ちが満たされる**ようになるのです。

【男心タイプはヒーローに！】
男心タイプから何かしてくれた時には「ありがとー！ ○○さんのおかげで助かったよ」とか「○○さんのが来てくれなかったら解決できなかったよ」というように**「あなたのおかげ」「あなたがいてくれたから」「他ではないあなたなの！」という前提で、感謝の気持ちをしっかり伝える**ことができれば、それだけでヒーローになることができますからね。

例えば何か優しい言葉をかけてくれたのであれば「○○さんの言葉にすごく救われましたー」とか言ってあげるとその瞬間に、あなたを助けたヒーローになることができます。

【女心タイプはプリンセスに！】
逆に女心タイプはヒーローにはならずに、プリンセスに徹することでヒーローと良好な関係を保つことができます。
プリンセスはやってもらうことが当たり前ですよね。**受け取る側。助けてもらう側。**

何かやってもらったら、それに対して最高級の笑顔で「ありがとー♪ 嬉しいです♪」と喜びを噛み締めて、感謝の気持ちを伝えるようにしましょう。
やってくれたことに対して「いや、自分でできるから大丈夫です」なんて言わないでくださいね。
「やってもらってありがとう！ すごく嬉しい♪」と**ヒーローがやってくれたことを素直に受け取ってあげるのがプリンセスの仕事**ですからね。

では、なぜ男性にヒーロータイプが多く、女性にヒロインタイプが多いのか、それは次のページで解説していきます。

3-06 男心は成長、女心は変身

関連動画→

男性は社会人向けのセミナーだったり、経営者向けのセミナーだったり、さまざまな学びの場で成長することが好きだなあ……と感じたことはありませんか？
「成長」という言葉は男性からよく出てくるキーワードのひとつだと思います。学びの空間に一度も行ったことがない人たちがその様子を見ると、参加者が皆すごいハイテンションで「成長！ 成長！」と言っている姿を不気味に感じるかもしれません。

はい。私も昔はそう思っていました（笑）
ではなぜみんな、成長したいと思うのでしょうか？ また、成長したくない人は異常なのでしょうか？

実はそこには「男心」「女心」の違いが大きく関係してきます。
「私は成長したくないな……」と思うことは、少しも変なことではないんですよ。

なぜ男性は「成長」が好きなのでしょうか？
それは子どもの頃から見ていた漫画やアニメが大きく影響していると思われます。男心派の人はその名の通り、男の人に多いタイプです。
男の子が見ていた漫画やアニメは、世界を救ったり、困っている人を助けてあげたりする"スーパーヒーロー系"が多いですよね。
主人公はスーパーヒーローになるために、世界を守るために、困っている人を助けるために、一生懸命頑張って、コツコツ努力して、修行をしながら自分の能力を上げていく姿がヒーローものの作品の特徴となっています。

特に目立たなかったり、何をしても失敗続きだった主人公が、修行をすることで「こんな僕だけど世界を救うことができるんだ！」とか、「こんな僕だけど世界の役に立てたんだ！」と成長していくという一連の流れ。

そして子どもの頃にやるメジャーなスポーツと言ったら野球やサッカー。
野球やサッカーには「勝ち・負け」がついてきますよね。チーム一丸となり勝利に向かって、毎日トレーニングや練習をするなど、切磋琢磨していきます。
努力をして努力をして、勝利を味わう。**【ギラギラ】していたい**のです。
負けてしまった時には悔しさを共に味わうということを男性は好みます。
また1点取ったとか2点取られたとか、数字に表れることを小さい頃からやってきているので、数字も大好きです。
また相手チームを分析するなど、データ分析もしているのでそれらが男性のベ

ースになっています。だから、男性にとっての勝利、努力、数字、データはとても重要なポイントになっていますね。

これが男心をくすぐる、ワクワクにつながっていくんです。
ということはその生き様が憧れの生き方になっていきます。
「僕でも成長できる」というのが男心タイプの夢の一つになるのです。

ではなぜ女心タイプは「成長」ではトキめかないのでしょうか？
それは、ワクワクのキーワードが**「変身」**だからです。

男の子とは違い、女の子が子どもの頃に見ていた漫画やアニメは、プリンセスシリーズだったり、魔法少女シリーズですよね。
例えば皆さんもご存知の"シンデレラ"。シンデレラは修行をしてプリンセスになったわけではありません。

ある晩、魔法使いのおばあさんに「助けてあげるよ〜キラキラキラ」と魔法をかけてもらうと、あっという間に綺麗な美しいシンデレラになることができます。もちろんそれまでには色々と苦労はしていますが、魔法をかけられたことで一気にプリンセスになりあがります。
魔法少女もそうです。
ごく普通の、クラスの中でも目立つタイプじゃない、どちらかといったらおっちょこちょいの女の子が、ある日魔法のステッキを手に入れて、「今日からあなたは魔法使いになるのよ」みたいな流れで、あっという間に魔法が使えるようになりますよね。
その中に**「修行」や「努力」「根性」という言葉は一言も出てきません。**

女の子は小さい頃から勝ち負けとか勝負ごとが好きではありません。
男の子の遊び＝野球・サッカーに対して、女の子の代表的な遊びは「おままごと」。

そして、おままごとって何をしているのかというと、いろいろな人に変身しているんですよね。子どもだけどお母さんになったり、お父さんになったり、赤ちゃんになったり……
台本は特にないのに、お互いが別のもの（役）になりきって、ただしゃべっていることが楽しいのです。その中に、努力や勝ち負けは一切ありません。

誰かの手によってキラキラーっと変身させてもらえるのです。
これが女心タイプのベースになっているんです。

この女心タイプの「変身」は、いろんな場面で生かされています。学生時代は学生、社会人になったらOLさん、恋人ができたら恋人の顔もできるし、結婚したら奥さんの顔になることができるし、子どもが生まれたらお母さんの顔になることができます。

周りの環境に次々と順応していけるのが、「変身」の最大の魅力なんです。

では男心タイプの「成長」。
変身ではなく、成長なので、一つ一つ積み上げていくことが必要になってきます。RPGゲームのように経験値をためて、コツコツ、レベルアップしていくのが男心タイプの「成長」になります。
これが自分の仕事を持ってそこで頑張っていく、家族を支えるために自分をレベルアップしていくことにつながっていくのです。
ちなみに女心タイプの「変身」はレベルアップというイメージより「クラスチェンジ」の方がイメージしやすいのかな。

この男心タイプ、女心タイプは**どっちが優れているということはありません。**

良い、悪いの話をするのではなくて、全然違う受け取り方、考え方、価値観があるんだよ、と思うととても楽になります。

ちなみに私は、結婚するまでは男心派でした。
めちゃめちゃ頑張らないといけないと思っていました。頑張って結果を出さないと認めてもらえないと思っていました。
でも私もその部分が相手や環境、年齢や時期によって変わってきました。
しかし今でも、甲子園球児のように「努力」「勇気」「根性」で輝いている人たちを見ると、涙が出てきます。そう、どっちも素晴らしんです。

相手を否定ではなく尊重できるようになって、お互いを認められる人になることが一番目指して欲しいところです。

3-07 男心タイプの会話と女心タイプの会話の違い

関連動画→

会話にも、【男心タイプ】と【女心タイプ】の2つのタイプで大きな違いがあります。
簡単に言うと【男心タイプ】は**「解決タイプ」**ですから、会話はA地点からB地点に物事をゴールに導くため、進めるための【**手段**】だと思っています。

そして【女心タイプ】は**「共感タイプ」**ですから、会話は「**会話をしている時間**」「**会話そのもの**」がコミュニケーションなんです。
もう少し詳しく説明していきますね。

私がこの「違い」に気づいたのは水商売・接客業をやっている時でした。
そう「男心タイプの飲み会」と「女心タイプの飲み会」で顕著に違いが現れるんです。

【男心タイプ　目的は解決】

「男心タイプの飲み会」の会話でわかりやすい例は【会議】です。
そう、飲み会なのに会議みたいに進んでいきます！

みんなで一つの話題を、解決のゴールを目指して会話を進めていきます。
そこにいるみんなで一つのテーマに沿って会話をするのです。
一本の線をみんなで辿り、一つ解決したら次の話題に移ります。
言いたいことは簡潔に！　的確に！　ハッキリと！　がモットーです。

誰かが話し始めると、みんなは黙るんです。聞く体制になります。協調性、団結力がすごいんです。そしてみんなで話あうことからしっかり結論を出す、問題を解決すること、クリアすることで、スッキリするのが解決タイプになります。

【女心タイプ　目的は共感】

「女心タイプの飲み会」の会話でわかりやすい例は【女子会】ですね。
女子会のトークの進み方は素晴らしいんです。ビックリしますよ。

　　　Ａ「このネイル可愛くない？」
　　　Ｂ「この前猫を飼ったんだけど可愛いの。動画みてよー」
　　　Ｃ「最近彼氏とうまく言っていないんだけどー」

というように特にテーマや目的はなく、最近あったことや自分が思っていることを、ＡさんＢさんＣさんと次から次へ、くるくると回しながら話していきますよね。

そして2〜3時間の間、色々な方向に話が進み、特に何かが解決したわけでもなく！ 問題が問題のままでも！ 女子会が終わる頃には「今日は楽しかったねー♪」とスッキリして解散していきます。

なぜなら、ちゃんと自分の話したいことは話せて、自分の思いに共感もしてもらえているので、目的は達成しているのです。
「**会話そのものがコミュニケーションになっている**」ということですね。

このタイプは並行思考力が高く、同時に複数の会話を進めたり、終わったと思った会話がまた出てきても問題なくまた参加できるし、ぜんぜん違う方向に会話が進んでも対応していくことができます。すばらしい処理能力・対応力なんです。

これくらい会話の目的にも「違い」があるんですね。
どちらが良い、どちらが悪い、ではありません。
お互いのタイプが違うからこそ、うまくいくこともたくさんあります。

例えば解決タイプが集まった会議では、煮詰まってしまったら全員が煮詰まります。「どうしよう……」と悩んでいるそんな中に共感タイプの人がいてくれると「え？ それだったらこういうのやってみたらいいんじゃない？」という逆転の発想をポーンと入れてくれます。

逆に共感タイプだけが集まって話しあっていると話が全然まとまらず、その場は楽しいけれど何もまとまっていないという時に、解決タイプの人がいると「じゃあココとココでこうしたらいいんじゃないの？」と解決に向けた導きを

作ってくれます。

だからお互いにどちらが優れていて、どちらが劣っている、ではなくお互い優れているところがあるからこそ、その部分が合わさると鬼に金棒！ ということになるんですね。

 **3-08 男心タイプには質問・説明・解決策を 女心タイプには承認・あいづち・共感を**

関連動画→

【カッコイイとかわいいのカンチガイ】
男心タイプさんの「カッコイイ」と女心タイプさんの「かわいい」は基準や価値観が全然違います。
男心タイプの「カッコイイ」は優れたもので自慢したいものを指します。
しかもその基準は自分だけの基準ではなく社会的基準です。
「高価だから」「歴史的なものだから」「高機能・ハイスペックだから」という「これがどれだけ優れているのか」を立証するためにいくつもの理由・データ・数字・ウンチクを集めて、総合的に「カッコイイ」となります。直感的ではないんですね。

つまり、男心の「カッコイイ」には理由が必ずあるんです。
それを【質問】して聞いてあげましょう。
「この機能すごいね！ このAとBはどんな違いがあるの？」
「これカッコイイね！ 前のとは違う感じがする！ どこが新しくなったの？」
そうやって興味があるフリを示せば、喜んでウンチクを語り始め、得意気に説明してくれます。そして語り終わる頃にはものすごく満足してくれます。

第3章　男心と女心のカンチガイ

一方、女心タイプの方はさまざまなものに「かわいい」と言います。口癖のようにいいます。ネイルも「かわいい」お皿も「かわいい」ブサイクな猫を見ても「かわいい」水族館でも「かわいい」文房具屋さんでも「かわいい」不動産屋で家を見ても「かわいい」。その「かわいい」が男心タイプには理解できず混乱させてしまっているかもしれません。

まず男心タイプさん、覚えておいて下さい。
「かわいいに明確な理由はありません、理屈ではないんです」
「かわいいから欲しいわけではありません」
「かわいいは直感・気まぐれです。今日はかわいくても、明日はかわいいと思わないときもあります」

そして女心タイプさん、心がけて頂きたいことがあります。
共感してほしいことには【説明】をプラスしてください。

相手に自分の気持ちを共感してほしい時には、ただ「かわいいね」というだけでは伝わりません。
例えばネイルのかわいさに共感して欲しければ「これね、フレンチネイルって言うんだけど、先端が白くて、清潔感もあるしかわいくない？」のように説明をつけてあげること。そうすると男心タイプはその説明に理解して、納得できるので「そうだね、清潔感があってかわいいね♪」と返してくれます。

【「相談」されたときのコツ】
男心タイプからの**「相談」にはこの３つのポイントを意識**してみましょう。

1. 伝えることは３つに絞る・中身は簡潔に短く、自分の気持ちや感情は最小限に
2. 客観的な事例・視点を入れて具体的な解決策を入れる
3. 相手に未来の姿を想像させて、ワクワク行動できるように勇気づける

この3点を意識して話すだけで男心タイプからは「すごい！ なんてわかりやすく話してくれるんだ！ そしてヤル気になってきた！ ありがとう！」となります。難しく考えなくて大丈夫です。
もしこの3つのポイントを忘れてしまったら、この一言だけプレゼントしましょう。

「〇〇さんならできますよ！」

これだけ覚えておいてくださいね。

次に、女心タイプからの相談は解決しようとするのはNGです。

「妻に相談を受けたから真剣にアドバイスをしたのに逆に怒られました！ 自分の何がいけなかったのでしょうか？」
こんな相談を男性からよく受けます。

これは、奥様が女心タイプ、つまり【共感タイプ】でご主人が男心タイプ、つまり【解決タイプ】だったんですね。
このトラブルはとても多いんです。
男心タイプの皆さん、覚えておいて下さい。
【女心タイプの相談は解決してはいけない】ということを……

相談されているのに解決してはいけないってどういうこと？
男心タイプにはなかなか理解しにくいかと思います。
でもね、実は**女心タイプは「相談しているつもりはない」**のです。

例えば奥様が仕事から帰ってきてご主人に「なんかさー聞いてよ〜、今までは同期の田中さんと仲良くランチとか行っていたのに、最近田中さんがつれないのよね。挨拶しても返してくれないし……私何か悪いことしたかなー」と話しかけてきたとします。

このセリフに対して「これは相談されているんだな」と思ってしまった人。残念！ 間違いです。
男心タイプは女心タイプのこのような言葉につい「相談されているんだったら俺は妻を助けなきゃ！」「不安なんだな」「困っているんだな」というように、勝手に思い込んで、「何かアドバイスしてあげよう」「解決してあげよう！」と思ってしまうんです。

でもね、女心タイプは解決してもらおうなんて、これっぽっちも思っていないんです。ではこのセリフを言った女心タイプ。本当はどうして欲しいと思っているのでしょうか。実はこれ、ただの**【おしゃべり】**なんです。

【相談】ではなく【おしゃべり】をしたいだけ。
あなたに「今日こんなことあったよ」を伝えたかっただけなのです。だからそこで急に「なにか悪いことしたんじゃないか？」とか「笑顔が足りなかったんじゃないのか？」とか、「大丈夫だ！ ピンチはチャンス！ これは成長できるチャンスだ！」というように急に解決しようとされたり、アドバイスやダメ出しをされると。「は？ そういうの求めていないし（怒）」ということになってしまうのです。

結果「本当にあなた、私の気持ちをわかってくれないのね」と言われ、それ

を言われたご主人も
「え？ なんで？ 今相談されたから解決しただけなのに！」とイラっとして喧嘩なんてことにもなりかねません。

余計なトラブルを防ぐためにも、もし「これは相談されているのかな？」と思うことがあったら、すぐに解決しようとするのではなく、まずは「なぜこの人は自分にこの話をしてきたのだろう？」ということから考えるようにしましょう。それがもし、嫌なことがあったとか、大変なことがあったということが言いたいんだな、ということであれば「それは嫌だったよね」「それは大変だったね」とまず【共感】してあげるんです。

すると女心タイプは「そうなのよー大変だったのよー。本当にあなた、私の気持ちわかってくれるのね♪ ありがとう♪」で終わりますからね。

女心タイプの心を掴むポイントは一にも二にも【共感】です。
女心タイプは相手に共感してもらえることで、満足することができるのです。

共感が苦手！ という方、安心して下さい。必殺技がありますのでこれだけ覚えておいて下さい

秘技「運送屋・配送屋」これです！

おしゃべりが始まったら**「うん、そうやね♪（運送屋） はい、そうやね♪（配送屋）」**と相槌で言ってみましょう。
え？ くだらないジョーク言うなって？ いえいえ、これかなり効果的だから！ ぜひ使ってみて！

そして、もしこれは間違いなく相談だろう！ と思う内容だったのであれば、「大変だったね」「頑張ってるね」と、まずは相手の気持ちに共感して、受け止

めてあげてから、その場でバシッと即解決！ をするのではなく、時間をかけて、ゆっくりとお茶でも飲みながら話を聞いてあげれば、喜んでくれるはずですよ。解決やアドバイスはしなくていいんです。

女心タイプにとっては"話を聞いて貰える時間"も大事ですからね。

> **鈴木先生の解説**
>
> ●社会学は「解決」を求めますが、社会学に解決する「力」はありません。社会学の使命は解決ではなく「解明」です。前にも述べたとおり、今ここにある世界＝社会を記述することから社会学は始まります。さらに「貧困」と「差別」という社会問題、これらを記述し説明することが社会学の使命です。それでは、「解決」するのはだれでしょう。「政治」です。政治＝デモクラシーの力によって、社会問題は解決されるのです。社会学が解決するよりも共感する学問という意味では、「女心」の学問と言えるかもしれませんね。

3-09 「違い」を知った上で、あなたはあなたのままでいい

関連動画→

ここまで色々な男心タイプ・女心タイプの特徴や違いを書いてきました。

自分はどちらかというと男心タイプだな、そして相手は女心タイプだな、というように「なんとなくあの人はコッチのタイプ」という見方ができるようになってくれればうれしいです。

自分のタイプを知って、相手のタイプを見極めて、相手のタイプに合わせたコミュニケーションを心がける。

そして、その違いを知った上で、

自分は自分のままでいいんだ。あの人みたいになろうとしなくていいんだ。あの人みたいになる「べき」と悩まなくていいんだ。

という「許し」を自分に与えて下さい。
そして相手にも「私とあの人は違うんだ、考え方もぜんぜん違う」という**「違い」を理解して、相手を「尊重」する**。

相手を尊重はできても、自分を攻めてしまう人は、この次の項目を何回も読んで下さいね。

【カバオはカバオのままでいい・あなたもあなたのままでいい】
みなさんはアンパンマンに出てくる【カバオくん】を知っていますか？
カバオくんはいつもトラブルに巻き込まれては
「助けて〜アンパンマ〜ン（ＴдＴ）」と、アンパンマンに助けを求めているかわいいキャラクターです。

そしてアンパンマンは助けを求められると、いつもカバオくんのところにやってきます。

そんなアンパンマンとカバオくんですが、アンパンマンはカバオくんに「もっと自分で頑張れよ！ カバオくん」とは言わないし、そんな頼りっぱなしのカバオくんにアンパンチもしません。
カバオくんも自分が「僕もアンパンマンみたいに頑張るよ」とも言いません。
そう、これでいいんです。

もし、自分がカバオくんみたいに、「いつもまわりの人に助けてもらっているなー」と感じているのであっても、そのままでいいんです。

【諦めることの大切さ】
カバオくんとアンパンマンではありませんが、世の中には**【その人にあった役割】**があります。すごく仕事ができる人、面倒見がいい人、ちょっと仕事は苦手だけど会社の空気をよくしてくれる人、人に甘えるのが上手な人、頼られると嬉しい人、などなど。
だから、自分が人と比べて劣っているな、、、と思うところがあったらきっぱりと諦めてしまうことが一番いいんです。

「なんであの人はこんなにできて僕はこんなにできないんだろう……」
そういうふうに、他者と比べちゃう気持ちはわかりますが、カバオくんにはカバオくんの役割があるんです。
「助けてーアンパンマーン」とアンパンマンに頼り、アンパンマンが助けてくれたら「ありがとう！ アンパンマン！」と元気よく笑顔でお礼を言うことが、カバオくんの役割なんです。

アンパンマンもカバオくんがちゃんと頼ってくれた方が嬉しいんです。
アンパンマンは誰かを助けたくてウズウズしてるんです。
助けたいんです。頼られたいんです。アンパンマンはヒーローだから。
カバオくんも、いつも助けてもらっていて「助けてくれてありがとう、お礼にアンパンマンの為に何かするよ！」とは言いません「ぼく、こんなにしてもら

って何で恩返しすればいいの？」とも言いません。お金も払っていません。「僕もヒーローになりたい」とも言いません。カバオくんは、ただただ、受け取ります。

等価交換ではないんです。
ただただ、助けてもらいます。
「やってもらったことをちゃんと受け取ること」、「ただただ受け取ること」がカバオくんの役割なんです。

それで、いいんです。
だからあなたも仕事ができない……○○ができない、辛いと思っているのであれば、できないことは諦めて、頼って、甘えて、助けてもらいましょう♪

ただただ助けてもらって、受け取る。
それだけで、いいんです♪

もし、「それだけでは申し訳ない」とブレーキがかかってしまったらそこで「○○さんありがとう♪」「○○さんのおかげで助かりました♪」「○○さんって頼りになりますね♪」
こういうふうに相手に言葉をプレゼントできればもぉ最高です♪
言葉のプレゼントでいいんです。

第3章　男心と女心のカンチガイ

カバオくんも、アンパンマンには**言葉のプレゼント**をしていますね♪

頼りなれてないと最初の一歩は怖いかもしれないけれど、思いっきり頼ってみてください。甘えてみてください。
世界は意外と優しいよ。

> **鈴木先生の解説**
>
> ●社会学者アンソニー・ギデンズは『親密性の変容』という本の中で、あなたとわたしがコミュニケーションするときに「お金・地位・名誉・権力」でつながった関係は「嗜癖的な関係性」つまり「純粋ではない関係性」と言っています。それに対して「純粋な関係」とは「その人の存在そのものを認め・尊重しあえる関係性」のことを指します。それこそが社会を豊かにしていく関係性といえるでしょう。

鈴木先生のレクチャー 7
ジェンダー（gender）・セクシュアリティ（sexuality）

　男と女のコミュニケーションを語らせたら、社会学者ではおそらくジンメルの右に出るものはいません。ジンメルは、文化の二面性（対称性）が普遍的であること、そしてその文化の二面性（対称性）が社会の普遍的な形式となっていることを明らかにしています。「文化の対称性」については、後のレクチャーでくわしく触れます。男と女もそうです。「男」と「女」。今、社会学では「ジェンダー」（gender）と呼ばれています。

　かつて、1950年代のアメリカにおいて、「男」と「女」は「セックス」（sex）と呼ばれていました。パーソンズは、当時のアメリカの家族変化を「核家族化」として特徴づける際に、家族や社会における「性別役割」（sex role）を議論しました。家族や社会において果たすべき「男としての役割」、「女としての役割」があるというわけです。sex role（性別役割）という言葉には「男としての〈固有の〉役割」、「女としての〈固有の〉役割」があり、男は男としての役割を果たすべきであり、女は女としての役割を果たすべきという規範主義的主張を行ったのでした。それに対して、1960年代に始まり、1970年代に大きな盛り上がりを見せた「第二波フェミニズム運動」、そしてその運動を理論的に正当化してきた「女性学」、そして「ジェンダー学」は、sex に代えて、gender という言葉を理論的武器としたのでした。セックスが固定的であるに対して、ジェンダーは流動的。男と女の境界線も絶対的なものなく、相対的なものであるとして、女性の社会学者は、男性目線の男性中心の家族論・社会論を相対化したのでした。

　ジェンダー論とは対照的に、セクシュアリティについて理論的な考察を加えた社会学者がアンソニー・ギデンズです。ギデンズは、1980年代に展

開されたジェンダー論に対して、「セクシュアリティ論抜きのジェンダー論は不毛」であるとして、『親密性の変容』を表しました。男か女かといった〈属性〉にとらわれない、あなたはあなたでしかないから好き、という関係を「純粋な関係」とギデンズは呼びました。属性の原理にとらわれてしまうと、男と女の親密な関係こそが正しく、それ以外の関係は間違っているということになってしまいます。かつて欧米では、女性解放運動が極端なセクシズム（男性中心主義）を相対化し、同性愛者解放運動が極端なヘテロセクシズム（異性愛中心主義）を相対化しました。そして今、ここ。「あなたはあなたのままでいい」というギデンズのメッセージはこの本を貫くメッセージでもあるのです。

鈴木先生のレクチャー　8
パターン変数（pattern variables）

　この章では、「男心」と「女心」という言葉が出てきました。社会学は、あなたとわたしをつなげるもの（四つのメディア：金・力・愛・価値）とあなたとわたしのつながり（四つの社会関係：経済的関係、政治的関係、社会的関係、文化的関係）のすべてに関心を寄せますが、とりわけ社会学が関心を注ぐのが「愛」（＝信頼）というメディアと「社会的関係」です。「好きで一緒で」からすでに二人の世界＝社会が始まっています。この二人の関係は、ときにお金や力をめぐってぐらついたり、壊れたりします。ときにお金に目がくらんだり、力づくで二人の関係が始まることもあるでしょう。しかし「金の切れ目が縁の切れ目」。引っ張る力（リーダーシップ）はときに引っ叩く力（暴力）となったりします。お金や力でつながる関係は「強力ではあるが、一時的」なものなのです。これに対して、愛でつながる関係も「強力」です。好きで一緒、それだけで幸せ。お金も、地位も、名誉も何もいらない。あなたと二人でいられさえすればよい。「お

幸せに〜」。でもこうして愛でつながる社会関係も経済的・政治的関係と同様に一時的なのです。恋愛は自由ですが、それでは結婚となると、お金の問題や、結婚を決めるという力の問題やら出てきて、一気に現実に戻されてしまうという次第です。

　ではこの社会的関係を強くするためにはどうすればよいのでしょうか。社会学者は、共有価値（common values）が何よりも大切だと議論します。あなたとわたしをつなぐものと考えるならば、「価値観」、わたしたちをひとつにつなげるものと考えるならば、「文化」と言ってもよいでしょう。例えば、タルコット・パーソンズは、『社会的行為の構造』（1937）というとても抽象度の高い理論的著作において、価値（観）を二人が共有するならば、二人の関係は永続するというとてもほっとするような議論をしてくれています。しかしその価値（観）は、「究極的目的」の〈体系〉と呼ばれていて、どうやらなかなか達成することが難しそうです。

　そこでパーソンズは、『社会体系論』という前著同様たいそう厚い本を書いて、もっと具体的に価値について論じました。これが「パターン変数」（pattern variables）という概念です。わたしたちがコミュニケーションを行うとき、「動機」を重視する（動機志向）か「価値」を重視する（価値志向）かで、コミュニケーションが変化することを明らかにしようとしました。個人的な動機からか、社会的な理由からかというわけです。パーソンズはどちらも大事というものの、彼の議論は「価値」志向の方に〈志向〉していきます。

　こうして社会をひとつにまとめあげるものとしての「文化」がパーソンズの議論の出発点に据えられることになりました。パーソンズは、アメリカを一つにまとめあげる文化的価値として、「普遍主義」（universalism）と「業績」（achievement）という価値を高揚してはいるものの、「普遍主義」に対しては、それと対称的な価値である「個別主義」（particularism)、また「業績主義」に対しては、それと対照的な価値である「属性」

(ascription) を置いて、文化（価値）の対称性という観点から、アメリカ社会を描こうとしたのでした。パーソンズは、『政治と社会構造』という著作において、普遍主義をめざす新しい社会運動として「公民権運動」（黒人解放運動）を描いています。彼の議論はただただ普遍主義一辺倒なのかというと決してそうではありません。公民権運動（やその後のフェミニズム運動）が普遍主義をめざして、リベラルな方向に運動を推し進めれば進めるほど、その反動も大きいとパーソンズは言います。これをパーソンズは「白人による巻き返し（ホワイトバックラッシュ［White backlash］）」と呼びました。

　社会学の営みとは、こうした絶対化されがちな価値をたえず相対化することにほかなりません。

鈴木先生のレクチャー　9
文化の対称性

　社会学は、これまで文化の対称性を議論の前提として、社会と個人の関係を議論してきました。世界が自然と文化の対称構造をなしているという事実から始まって、文化も同様の対称構造をなしている。この点がとても重要です。男／女のジェンダー、男心／女心のジェンダー性しかり、異性愛（ヘテロセクシュアル）／同性愛（ホモセクシュアル）のセクシュアリティしかり、愛と憎しみしかり。どちらが偉い・偉くないということではないのです。

　社会学において「文化の対称性」という観点から、独自の社会学を初めて展開したのがゲオルク・ジンメルでした。男と女という性別は普遍的かつ対称的なものです。男女の性別は消えません。男と女という「自然」に人は意味を与え、男性的な文化と女性的な文化が出来上がります。この男性性と女性性という区別も消えません。ジンメルは、これを文化＝社会の

形式と呼び、その普遍性を主張しました。けれども、その意味内容は時と場所により変わってきます。ジンメルは、文化＝社会を対称的な構造をなすものとしてとらえ、その普遍的な形式と特定的な実質（内容）を明らかにしました。こうして人と人との関係は相対的（関係的）なものなのです。

　ジンメルの議論は、男と女にとどまらず、都市にも及びます。たとえば「ヴェネツィア」。ヴェネツィアは海辺のきれいな町。ジンメルはヴェネツィアにフィレンツェを対比させます。フィレンツェは周りを山に囲まれた町。ジンメル流にいうと、ヴェネツィアは「軽い」町、フィレンツェは「重い」町ということになるのでしょう。ジンメルは、自然科学でいうところの「質量」を文化論的に読み替え、軽い感じがする町、重い感じがする町と表現するわけです。日本でいえば、前者が横浜、後者が甲府でしょうか（甲府はフィレンツェと同様に盆地にありますが、重厚な感じがしませんね。お台場と永田町あたりでしょうか）。こうしてものとものとの関係も相対的（関係的）なものなのです。

　このようにわたしたちの社会・文化はあまねく対称構造をなしています。あくまでも前提としての「対称」であって、「対立」ではありません。この点がとても重要です。文化・社会は普遍的な対称構造という形式をもっています。どちらが絶対的に正しいということはなく、真理は相対的（関係的）なものなのです。コミュニケーションはここから始まるのです。

Chapter 4

自分とのコミュニケーション

4-01 頑張り屋さんで、真面目で、責任感が強い人へ

関連動画→

ここまでは、相手を大切にするコミュニケーションについてお話ししてきました。ここからは、自分を大切にするコミュニケーションについてもお話ししたいと思います。

コミュニケーションというと、相手のことを思いやることだと思うかもしれないけれども、それよりも大切なのは、**自分も大切にする**ことです。
自分がボロボロになってしまうと、相手を考えるどころではなくなってしまう。まずは自分を大切にしましょう。

　「私は、どちらかというと、頑張り屋だな」
　「私は、どちらかというと、真面目な方だな」
　「私は、どちらかというと、責任感が強い方だな」

みんな、この3つのうちどれかひとつには、当てはまるのではないでしょうか？
だからこそ、この本を手にとってくれたんだと思います。

だからこそ、みんなが陥りやすい落とし穴があります。それは、**バーンアウト**。聞いたことがある人もいるんじゃないかな。燃えつき症候群とも言われています。

「こんなに頑張ったのに、私なんか必要とされないんだ」
「こんなに会社のため、家族のために頑張っているのに、誰も私のことをわかってくれない」と燃え尽きてしまう。真っ白になっちゃう。

頑張り屋さんで、まじめで責任感が強い人が、燃え尽きやすいのです。
頑張っているのに、なんでわかってくれないの？ そう思ってしまう人が、自分が認められないと思ってしまうとバーンアウトしやすい。

例えばこんな人、いませんか？
お客様には「いらっしゃいませ♪ こんにちは〜♪」と、天使のような笑顔です。でも、そういう人たちがいざバックヤード、つまり裏のスタッフルームに行くと、「ねえ…○○さん、まだその仕事終わらないの？ 早くやってくれないかしら。表、忙しいんだけど」と、般若のような顔になる人。そういう、表では笑顔で裏側で般若になっている人は、お家に帰っても般若です。むしろ鬼にレベルアップします。

共働きをしているご主人の方が先に帰っていたらその鬼、いえ奥様はこうおっしゃいます。「ただいま。あーーー疲れた……。あなたさぁ、その靴下ちゃんと洗濯機に入れておくとか、できないわけ？ もう子どもじゃないでしょ。わかる？ もうほんと、共働きなんだから、家事とかも一緒にやってくれないと、困るんだけど」と…

お客様の前では天使なのに、裏では笑顔の力を使い切っちゃって、仲間にも身内にも冷たい人になってしまう。
でもね。この人が悪いわけではありません。この人の性格が悪いわけではありません。この人は頑張っているんです。100％毎日頑張っているんです。
お客様を喜ばせたくて、お客様を笑顔にしたくて、そして喜んでもらって売上もあげたいと思っている。会社に貢献したいと思っている。そして会社のみんなにも喜んで欲しいと思っている。
仕事の頑張りが認められて、少しでもお給料も上がったら嬉しいと思っている。そのお給料は家族のために使ってあげたいと思っている。家族を笑顔にしたいと思っている。とても頑張り屋さんで、真面目で、責任感が強い人。
とても素敵な人なんです。誰ですか？ こんな素敵な人を鬼や般若呼ばわりし

た人は？　でもね、般若や鬼だと思われちゃうの。その「思い」がまわりの人にわかってもらえないと…

家に帰るといつもイライラしているから、家族からは煙たがられ、家族仲は最悪。家庭で癒されることが難しくなるので、その疲れを引きずったまま仕事場へ。仕事場でもスタッフには「なんでみんなできないの⁉」「私ばっかりがんばってる！」と、キツく当たってしまい会社でも煙たがられ、人間関係は最悪。そしてそのままお客様の前へ。
お客様を喜ばせたくて一生懸命がんばります。でも、たまにはミスもしますよね。そんな時会社の仲間は「それ見たことか！　助けてなんかやるもんか！　いい気味だわ！」と誰も助けてくれない…お客様は意外といろいろな所を見ているものです。スタッフ同士が仲良くないところはいくらサービスがよくても足が遠のきます。

そして、「なんでこんなに頑張ってるのに報われないの⁉　私ばっかり辛い目にあうの⁉　苦しい！」と悩んで…自ら命を絶ってしまう人も、少なくないんです。

では、バーンアウトしないためにはどうしたらいいのか。
そのためにはこの３角形のバランスを大切にしてください。

「お仕事は100％の笑顔で頑張らなくちゃいけない」という教えを守っている人は、笑顔の力を100％お客様に使っちゃう。
ということは残りは…そう、０％です。
それではどうしたらいいかというと、仲間と家族にも均等にしなくてはいけない。
つまり**お客様に30％、仲間に30％、家族に30％**で、自分が１日に使える笑顔の力を分けていくということなのね。お客様には30％の笑顔でいいんです。

そのかわり、会社の仲間にもちゃんと30％の笑顔、そして家族にもお客様と同

じだけの笑顔の30％をちゃんと使おうということです。

実はこれ、簡単そうで難しいですからね。
下世話な話かもしれないけれど、人はお金を貰えることには笑顔になるんですよ。だから、お金を払って商品を買ってくれる、サービスを受けてくれるお客様に笑顔を向けることは簡単にできてしまうんです。
でも、お客様だけではなく、仲間や家族にも同じだけの笑顔を心がけて下さい。

そして**残りの10％は自分のために使ってください。**
自分を笑顔にするために。自分を癒すために。自分を大切にするために残りの10％を使う。これがとっても大切なバランスです。

１日かけて笑顔の力を使い切る。24時間の中でですよ。
これをよく「平日は忙しいから週末は自分のために」としてしまう方が多いのですが、人の体のサイクルは１週間ではできていません。24時間です。**睡眠を取るのと同じくらいの意識で自分に笑顔をプレゼント**してくださいね。

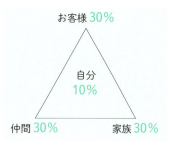

「お客様のために30％って、それは手抜きじゃないの？」と思うかもしれない。
でも、手抜きじゃないんです。
焦らずに成長してレベルアップすれば、同じ30％でも大きく増えていきます。
それが**「成長」**だということを、頭の中に置いていただきたいのです。

4-02 コンプレックスは最大の魅力になる

関連動画→

自分のことが好きになれない人、多いですよね。
そういう人の多くがコンプレックスを持っているんじゃないかなと思います。

　「どうせ私なんて」
　「どうせ僕なんて」

こうだし、ああだし、どうせ私こういう人間だしと思っているかもしれないけれど、**コンプレックスは最大の魅力になる**ということを覚えておいてください。

コンプレックスを持っている。自分の短所を今思い出せる人はそれは**長所に変わる**ということ、**魅力に変わる**かもしれないということを記憶に留めておいていただきたいんです。

私も実際たくさんのコンプレックスを持っていました。今はもうみんなの前で「どうもこんにちは♪ オカマだよ♪」と笑顔で言えるわ。
でも、私も学生時代の頃は「なんで私、こんな人生なんだろう。なんで私、こんな状態で生まれちゃったんだろう。なんで私、もうちょっと普通に生まれなかったんだろう。普通の男の子か、普通の女の子に生まれていれば、普通に恋愛できたし、普通に仕事もできたし、普通に結婚して、普通に子育てして、普通に幸せを掴めたかもしれないのに、私はなんでこの性別に生まれちゃったんだろう、なんでオカマなんだろう」と思って、自分の存在全てを受け入れられない時期があったの。

私はそんなコンプレックスを抱えながらも「生きたい」と思って、夜働き出したんだけど、当時は「自分に魅力なんて無い」と思っていたから、いろんな人たちに嫉妬ばかりしていたの。

あらー、綺麗でいいわねー。私はブスだわ
あなた歌が上手くていいわねー。私は歌苦手だわ
あなたは話が面白いわねー。私は面白い話なんてできないわ
素敵な彼氏がいていいわねー。私は誰にも愛されないわ

みたいに妬み嫉みだらけだったんだけど、その時に「でも一応仕事だから、人を喜ばせなきゃ」と思って、「綺麗ですねー♪ 歌うまいですねー♪ 話が面白〜い♪ 彼氏さんカッコイイ♪ 愛されてて素敵〜♪ 憧れちゃう♪」
とにかく、笑顔でいろんな人を褒めまくったの。
とにかく、笑顔でいろんな人を承認しまくったの。
そうしたら、そのオカマバーに来ていたお客さんたちから、とても素敵な言葉をもらうようになったの。

　　「奈々ちゃんに会いに来たよ」
　　「奈々に会えてよかったよ」
　　「こういうお店に遊びにきてみたかったんだ」

そんな言葉をいっぱいもらうことができたの。

学生時代は、コンプレックスばかりの自分が本当に嫌で嫌でしょうがなかったんだけど、それを武器にして仕事をしてみたら、そこをすごく喜んでいただけて、ものすごく自分を承認してもらえた。
そして**「自分の影を愛せた時に自分の光に気づくこと」**ができたんです。

コンプレックスで悩んでいた時は自分にとっての影を見ないようにしていたん

ですよね。光になりたい！ 女性らしくありたい！ こんなオカマの人生嫌だ！ と思っていたんだけど、そうではなくて、あ、私はオカマでいいんだ。私オカマのままでみんなに愛されているんだ！ この状態でも生きていていいんだ。この状態で、私、実は光も持っているんだ。

「自分の影だと思っていた部分が実は光でもあるんだ」自分のコンプレックスを消し去るとかではなく、受け入れた時から自分の人生が大きく変わりました。

「飽きっぽい」→「気持ちの切り替えが早い。行動力がある」
「内向的」→「おしとやか、落ち着いている、自分の世界をもっている」
「泣き虫」→「感情を素直に表現できる、素直に甘えられる、感受性が高い」
「流行に乗れない」→「定番のものを持っている、人に流されない、好きなものが決まっている」
「ヲタク」→「ある種の知識に精通している、好きなものを好きと言える気持ちを持っている」

ね、**コンプレックスは魅力の種**。短所と長所は表裏一体。あなたの短所だと思っている部分は誰かの憧れかもしれない。

だからみんなも本当に色々なコンプレックスを持っていると思うんだけど、そのコンプレックスをすごく大切にしてください。
もちろん努力で改善できることはやってみてもいいと思う。
でも、自分を否定することだけはやめてほしいな。

> **鈴木先生の解説**
>
> ●このコンプレックスは武器になる、短所は長所になるということを、先ほど述べたとおり、ジンメルは「価値の二面性（相対性）・志向の二面性（相対性）」という形で論じています。相対性というのは視点を変えると意味が変わってくるということで、プラスに見えることもマイナスに捉えることができ、逆にマイナスなこともプラスに見ることができるということです。こうした「相対性な見方」が「社会学的な見方」なのです。

4-03　人はみんな違う魅力でいい・変でいい・変わってていい

関連動画→

【「みんなと一緒」が「安心材料」になっていませんか】

「個性」を大事にしていますか？

先日、電車の中で新入社員だと思われる集団と一緒になりました。

そのとき私はとってもびっくりしました。みんなの服装が、全員同じようなトレンチコートを着て、同じ黒のスカートのスーツを着て、同じ黒のパンプスを履いて、同じ髪型で……　正直個性がまったく感じられなかったんです。

個性って、人が生きていく上で大切なことだと私は思っています。

皆さんは会社の面接のとき、インターネットで「新入社員・服装」とか「フレッシュマン・服装」のようなワードで検索して、そこに出てくる基本の服装を選んで着てはいませんか？　みんなが着ている服装にしておけば、間違うこともないので確かに安心感はありますよね。

でもね、むしろそれをやってしまうと、印象に残らない人になってしまう可能性があります。悪目立ちしたくないという気持ちもわかりますが、それも臨機応変。

面接や婚活など「選ばれたい」時には印象に残るって実はとても大切なことなんです。もしみんなが同じ服装をしているのを見たら、それをあえてしない方が私はいいと思っています。

確かに安全無難な見た目をしていれば、目をつけられることもないので、すごく安心感はあると思います。
でも、目をつけられることがないということは、その他大勢のひとりになります。安心はできるけど、目にかけてもらえるチャンスは確実に減ることになります。**その他大勢より、印象に残ること**、それは**あなただけの個性を相手に気づいてもらうこと**ができるのです。
無理に悪目立ちをする必要はありませんが、規律違反にならない程度にあなたの個性を出してみても、いいんですよ。

【変わっているは価値になる】

私、このイラスト大好きなんだけど、すっごく素敵だと思いませんか？
肌の色も違う、髪色も違う、国籍も違う、性別も違う、だけどものすごくみんないい顔して笑っているでしょ？

それこそ肌の色は、黒人さん白人さんそういうの関係なくみんなそれぞれ違う魅力でいいんだよね。若いから素敵とか、そういうことでもないの。歳を取っても素敵。

男性でも素敵・女性でも素敵。みんな素敵でいいの。
みんな違う魅力でいいっていうことを、覚えておいてください。

そして、変でいい、変わっていいということも大切にしてください。

変でいいんです。変わっていていいんです。
人と違っていいということ。
人と違う考え方をしていいということ。子供の頃、人と違うことをやっていたり、人と違うことを話していると「みんなが○○してるんだから、あなたも○○しないと」と言われたかもしれない。
そういう子たちは「変わっている」と言われてきたかもしれない。
でもね、今その「変わっている」ことが求められる時代でもあるんです。

「変わっている」は「違っている」それは価値になります。

以前、ザ・リッツ・カールトン・ホテルの元日本支社長　高野　登さんが主宰する「百年塾」にゲスト講師として呼んで頂いたことがあります。その時に高野さんから「違いを生み出す違い」を意識するということを教えて頂きました。
みんなと違っている部分が価値になり、宝ものになる。どういうカタチでその違いを価値に変えていくのか、それが今の私達に問われている。2045年はシンギュラリティの時代。人工知能が人間の能力を超えると言われています。
つまり「暗算が得意」「書類を正確に作れる」というようなことが自慢できない時代になってくると言われています。
「同じものを作り続けられる」「レシピ通り作れる」「失敗しない」ということが人ではなくロボットがやっていく時代。
ロボットは「飽きた・疲れた」も言わないですからね。

こういう時代に魅力を発揮する人が「違っている人」。その**「違い」が人間らしい最大の魅力となる。**だからこそコミュニケーションが大切になる。

相手と向き合うこと、相手との違いを把握すること、相手の多様性を認め、受け入れ、自分の多様性と照らし合わせる、それが自分と向き合うことになる。まずは自分を見つめて、自分の中にある力に気づいて、自分の中の潜在能力で「違っているものはなんだろう？」と考える。

昔は人と違うことを抑える時代でしたが、これからは違いを出していく時代が来ます。それが存在価値となります。**違いは価値になります。**

とくにこれからの世の中はダイバーシティ・多様性という時代です。

自分はみんなと比べてこうだな、自分はみんなと比べて変だな、人と違うな、そういう「他者との比較」で劣等感を抱かないでほしいの。そこを魅力の種と思ってください。まだ、自分のことを魅力的だと思えなくてもいいから「私はまだ種なんだ」でいいから。それくらい自分に優しくなって許可・許しを与えてあげてくれたらいいなと思います。

私もそうやって、自分の「コンプレックス」や「変わっているところ」、「違いに」許可を与えて、人生が楽しくなりました。

> **鈴木先生の解説**
> ●ダイバーシティ・多様性は社会学の大きなキーワードです。

4-04 色々な顔の自分がいていい

関連動画→

自分の顔は1つじゃなくていいです。
女友達の前ではサバサバしているのに男性の前だとぶりっ子できる自分がいていい。人はそれを【八方美人】と言うかもしれない。でもね、八方美人でいいんだよ。

八方美人、言葉で聞くと悪いイメージがありますが、**世の中を上手に渡る人の多くが八方美人**です。
八方美人タイプの人は相手に合わせていろいろな顔ができる人なので、誰からも愛される人になれるのです。
人間、誰だって自分にいい顔をしてくれる人、自分のペースに合わせてくれる人がいれば、その相手に心を開きたくなるものです。

こういう意見もありますね。
「いろいろ顔を使い分けると、相手に嘘をついているようになりませんか？」
「私の性格はこの性格だから、違う顔を見せたら相手を騙しているような気がする……」

でもね、**色々な顔を持つことはあなたの魅力を消してしまうものではありませ**

ん。色々な顔を持っていても、ありのままの自分が無くなってしまうわけではないんです。

「上司の前の顔」「お客様の前の顔」「女性の輪の中にいるときの顔」「素敵なパートナーの前の顔」「自分だけの時の顔」

さまざまな顔を使い分けることで、自分自身が楽になることができるんです。だから「私はこういう人なの！」というのではなく、相手に合わせて色々な自分を作ってみてもいいんです。

例えば、キャリアウーマンの女性が、家に帰ったあともご主人や子どもの前で仕事と同じようにバリバリ隙のない顔をしていたら家族は疲れてしまいますよね。だからこそ、目の前のいる人に合わせた顔をすることは悪いことではありません。

媚を売れる自分がいてもいい、親の前で良い子の自分がいてもいい。
実は甘えん坊で、泣き虫で、怠け者の自分。

いろんな自分がいてもいいんだーということをちょっと自分の中で思ってみてください。八方美人になりましょう！ ということでもないからね。
「自分の感情に素直でいい！ 私は嫌われてもいい！ こうでいい！ 愛想や愛嬌をふりまくなんてやりたくないわ！ 相手に合わせた顔なんて絶対イヤ！」というのはそれもそれで否定しません。それが自分らしくて悩んでいないなら、それは幸せなこと。そのままOK。

そうではなくて「私らしさは、こうあるべき！」「八方美人はダメなこと！ 悪いこと！」というふうに思って悩んでいる人がいたら「八方美人でもいいんだよ〜」と伝えたいんです。

八方美人を攻めている人、罰している人は、実は八方美人に憧れていたりもするんです。本当は自分も、八方美人の彼女のように甘えたい、優しくされたいと思ってはいないでしょうか？

八方美人になってみる。色々な顔の自分と仲良くしてみる。それはとても楽しいことに繋がります。

【ダイヤモンドな自分らしさ】
以前、相談に来たクライアントさんがいて、その方はニコニコ笑顔でこう話し始めました。「奈々先生、私、、、彼から別れを切り出されたんです。でもどうしてそうなったのか、全然わからなくて」
彼との話をしている彼女は、話の内容ではとても悲しいハズなのに、何故か涙も流さず、張り付いたような笑顔のままでした。

「なぜ、あなたはずっと笑っているの？ 泣いてもいいんだよ？」
「え!? だって私、付き合う時に【笑顔が素敵だね】と言われて、それがキッカケで付き合うことになったんです。私にはもったいないくらい素敵な彼で。彼に嫌われたくないから……ずっと笑顔を心がけてきたんです。だって笑顔って素敵なことでしょ？ 明るさって大切なことですよね？」
「そうだね。笑顔や明るさは確かに大切なことですよね。でもね、彼はあなたの笑顔や明るさだけでなく、全部が好きなんだよ」
「えっ？ どういうことですか？」
「あなたは彼の、どんなところが魅力的だと思う？」
「優しくて、仕事に一生懸命で、まっすぐなところです」
「うん、それは素敵だね。では、例えば彼が辛いことがあって、苦しくて悩んでた。でもあなたにはそんな姿一切見せず、孤独に悩み続けていたらどうかしら？」
「助けてあげたいです、頼ってほしいです」
「そうだよね。では、彼が辛くて苦しくて、つい泣いてしまったら。あなたは彼を弱い男だと軽蔑する？ 彼への想いは冷めてしまう？」

「いえ、むしろ嬉しいです。弱さを見せてくれるのは、心を開いてくれてることだから……あ！ そういうことですね！ 私、泣いてよかったんだ！ 怒ってよかったんだ！ 悲しいとか、不満とかの感情は出したら嫌われるって思い込んでました！」
「そう、泣いてもいい。喧嘩してもいい。喜怒哀楽を全部出していいんだよ〜」

その時、彼女はようやく泣けました。素敵な涙でした。とても可愛らしく、愛おしい涙でした。その後、彼と話し合い、ちゃんと泣いて、喧嘩もして、愛してることも伝えて、お互いの気持ちを確認しあいました。
後日「彼からプロポーズされました！」という吉報が届いた時には私もとてもうれしい気持ちになりました。

そう、彼女は自分の中の「笑顔」だけが魅力と思い込んでいたんです。
でも。**人の魅力って１つではない**ですよね。

笑顔は１つの魅力、その逆で泣き虫な自分もいる、それも魅力。いつも頑張っているけど、ちょっと怠け者なところもある、それも魅力。
優しくて面倒見が良いけれど、少し怒りっぽいところもある、それも魅力。

いろいろな自分がいていい。
ダイアモンドの何が魅力的かというと、あの輝き。ブリリアントカット。
数多の面が重なりあって、それがキラキラ輝くからとても美しいですよね。
ダイヤモンドがビー玉みたいなツルツルの球体だったり、ペラペラの板状だったら、それは美しくないよね。

自分らしさも同じです。素敵なダイヤモンドになって下さいね。

【全てをポジティブに考えなくてもいい】
「イヤなことがあってもポジティブに受け止めよう。嫌いな人がいても好きになろうと努力しよう。これが魅力的な人になるポイントです」
こんなアドバイスをどこかで聞いたことはありませんか？
このアドバイスを実現しようと「前向きな自分になりたい」「肯定的に生きていきたい！」と頑張ってみたものの、なんだ辛くなっている……という人を多くみかけます。
「会社の同僚に嫌いな人がいる……」「どうもうまくいかない人がいる……」社会に出るとこんなことは日常茶飯事ですよね。
そんな中で、「まわりの人とうまくいかない自分は、自分にどこかいけないところがあるんだろうか……」と自分を責めてしまっている人の話をよく聞きます。
でもね、「あの人、苦手」と思うこの感情って、人としては当たり前のことなんですよ！　私たちは聖人君主ではありません。
常にハッピー！　常にモチベーションを高く！　相手のことは承認しよう！　なんて無理なんです。
「誰とも仲良く、誰のことも嫌いにならず、素敵に生きていこう」
それができれば一番なのかもしれませんが、そこを目指してストレスを山ほど溜め込んで疲れていたら、本末転倒ですよ♪

もちろん「素敵な自分になりたい」と思うことは必要だし、否定はしません。でも、たまには愚痴を言いたくなるのは普通のこと、人間らしい一部分です。この部分を自分で責めるのではなく認めてしまいませんか？

もし嫌いな人が入れば距離を置いたり、連絡をとるのをやめたり、なんなら友達をやめてもいいと思います。（2-08 参照）
「みんなと仲良くしよう！」「イヤなことがあってもポジティブにいこう！」なんて、頑張ってやろうとしなくてもいいんです。

ここを無理して頑張ろうとしてしまうと、ストレスを溜め込んで、毎日我慢の連続で……と素敵な自分を目指していたはずなのに、どんどん自分らしさを失ってしまう、また身体はとても正直なので、ストレスで潰れてしまうかもしれません。

自分の中にある「実は腹黒い部分」認めてあげましょう♪

> **鈴木先生の解説**
> ●実はパーソンズ、そしてハーバーマスは「べき」「ねばならない」を推奨している「規範主義」でした。それに対してルーマンは「べき」「ねばならない」ではなく「個」を尊重したコミュニケーションが大切だと論じたといえるでしょう。

4-05 「マネ」すれば「マネ」するほど、自分らしくなる

関連動画→

コミュニケーションが上手な人、一緒にいて魅力的な人は、いつも楽しそうにしているし、友達もたくさんいるし、とても素敵に見えるもの。憧れちゃいますよね。
「あの人の周りにいると、なんだか楽しい気持ちになれる」そんな人に自分もなりたいなって思うこと、あると思います。

でも、だからといって、何を意識すればいのか、、、わかりませんよね。
そこで！ 誰でも簡単にできる、素敵になれる方法をお伝えします。

【マネとパクリと模倣】

人は【知っている言葉】と、【実際に会話で使える言葉】が違うと言われています。使える言葉は、知っている言葉の20％にしか満たないそうです。
会話上手になるためには、まずは自分の会話のボキャブラリーや表現力を広げることは必須。それではどのように身につけていけばいいのか？

それは**「マネ」からはじめる**ことです。

まずは自分のオリジナルの方法を生み出すのではなく「私もこんな人になりたいな」「こういうことしてみたいな」と思う、**憧れの人をマネすることからはじめてみましょう**。それは身近な人でもいいですが、芸能人や有名人の中から見つけることをオススメします！

マネ、パクリというとなんだか悪いイメージがありますが、コミュニケーションや会話に関してはそんなことありません。
コミュニケーションのマネ、パクリはみんなやっているんです。
私たちは、親が日本語を話しているのを真似て日本語を学び、二本足で歩いているのを見て真似て、二本足で歩き出しました。
行動や言葉、コミュニケーションを「自分の完全オリジナルで作った」人は居ないよね？
また、身近な人に憧れの人がいるのであれば、
「〇〇さんを尊敬しているので、〇〇さんを目指します！」とか「〇〇さんに憧れているんです！　弟子入りさせてください！」と言われればマネをされている人も悪い印象にはなりませんよ♪

自分のオリジナルで表現方法を見つけようとすると難しいですが、人のマネからスタートすると簡単に始めることができます。

自分ではない他人のマネをすることで、大胆に演技でき、その経験から学ぶこ

とができます。このように、**他人のマネから表現力を身につけていくのは、誰にでも出来る、会話上手になる一番の近道**です。

【番組を録画して練習してみよう】
目指す芸能人・有名人を見つけたら、次はさっそく**練習**です。
この練習方法は、私が水商売を始めた10代の頃から行っている効果的な方法です！ 練習するためにはまず、目指すタレントさんが出ている番組を録画してください。そして、タレントさんがどんな話をしているのかを、じっくり観察してみましょう。
例えばそれが芸人さんだったら、司会者が話をふったら、どんな返しをするのか、一時停止しながら次に答える言葉を予想し、自分の中の表現と憧れの人の表現や、目の付け所の違いを体感してみましょう。

自分だったらどんな返しをするかを考えたあとに、再生して答えを聞いてみると「そういう返しがあったのか〜」とか「その方がおもしろいな〜」と自分とは違う表現の仕方を勉強することができます。

表現のしかた、感じ方、言葉の発し方など、自分と違うところに気づくことができ、自然に吸収していくことができますよ。

またこの勉強方法で私の場合は、昔の映画や昭和の女優の演技や会話、仕草やセリフをマネして学んだものです。
昔の女優さんはとても女性らしい、上品で美しく魅力的な言葉をつかいます。オードリー・ヘップバーンや松田聖子さんからは愛嬌や笑顔を、マリリン・モンローや五社英雄監督の作品からは色気や大人っぽい魅せ方を。

また「やっぱり猫が好き」の3人の即興芝居やトークはかなり勉強になりました。トークでは大御所の明石家さんまさん。さんまさんは芸能人だけでなく素人さんとの絡み方、トークの進め方は芸術的だと興奮しましたね。

最近ではマツコ・デラックスさんの出ている番組は必ず録画しています。マツコさんのトークは学びの宝庫で、いつも研究しています。

基本的に私の教科書はテレビの中でした。
もちろん、お店のママや先輩姉さん、お客様からも多くのことを学び、今でもマネさせていただいております♪

【憧れの人を3人ピックアップしよう】
ここでは、芸能人・有名人ではなく、身近な人での練習方法を紹介しますね。自分の引き出しを増やす方法、それは自分の憧れの人を3人見つけ、その3人をメンターとして勝手に頭の中で任命して、そのメンターを分析してみるという方法です。
最初に目標にするのは、チャレンジしやすい目指しやすい人にしましょうね。というのも、目標をあまりにも偉大な人にしてしまうと、自分とのギャップに結果、落ち込んでしまうこともありますから。
よく知っている身近な人で、この人みたいになりたいな、と思える人を探してみましょう。

なぜ3人かというと、自分の考え以外の予備の考えのパターンをなるべくたくさん作りたいからです。もちろん、2人でも10人でもいいのですが、ある程度相手を分析しなくてはいけないので、3人くらいからはじめましょう。

そうして、いつもの自分とは違う考えを共存させることで、さまざまな場面に対応できるようになっていきます。

【メンターを分析してみよう】
さて、目標にするメンターを3名みつけたら、なぜその人たちに憧れたのかを分析して、メモに書き出してみてください。

- 真似したいところ
- 憧れるところ
- なぜこの人は魅力的に見えるのか

などを**観察し、分析し、箇条書き**にしていくのです。
行動や生活パターン、話し方、身振り手振り、言葉の選び方、間のとりかたそのほか、気づいたことはなんでも観察しておきましょう。

【「あの人だったらどうする？」を生活にとりいれよう】
前述のとおり、行動や生活パターン、仕草や言葉などを細かく細かく小さなことから真似して身につけていくのです。
そして、いつかピンチやトラブルが起こったときに、**「あの人だったら……」**を使ってみてください。

そのときは、その人になりきって、身体に憑依させるようなイメージで実行してみましょう。
「私だったらこうなのに」とか「私だったらこういうことしたくないな」というように今の自分をベースに考えると、なかなか答えを出せなかったり、行動に移せなくなってしまう場面も、「あの人だったらこういうふうに考えそうだ」「きっとこういう行動をとるだろうな」と考えると、どんどん自分の思考の幅が広がっていくのがわかるはずです。

ちょっと前まで、自分の頭の中で勝手に「これが限界だ」と決めていたことも、憧れの人の考えを学び、素直に実践してみることで自分の幅が広がることにつながっていきます。

「パクリ」「マネ」というと嫌なイメージがありますが、**尊敬からの模倣はむしろ相手からも好印象を持たれます。**

憧れの人の真似をしすぎると自分らしさが無くなってしまうのでは……と不安になるかもしれませんが、大丈夫！ 完全にマネをしてるつもりでも、あなたらしさはなくなりません。むしろ輝いちゃいます。

多くの歌手が憧れの歌手をマネをして新しい素敵な歌を作り出しました。多くのスポーツ選手が憧れの選手のマネをして特訓して勝利を勝ち取ってきました。多くのビジネスマン、起業家が憧れの人の背中を追っかけてマネして、新しいサービスを作り出してきました。

自分では憧れやマネからスタートしたハズが、その経験を積み重ねて磨いていくうちに、自分の実力が磨かれているのです。
料理も、芸術も、サービスも、魅力も、コミュニケーションも、全てマネから始まります。

むしろ、マネは**「素直な心」**でいないとマネできません。それはとても素敵なこと。憧れの人をどんどんマネして、素敵になっちゃいましょう♪

> 鈴木先生の解説
> ●「社会は模倣からはじまる」と論じたのが群集心理学者G.タルドです。タルドによれば、模倣を繰り返した結果が今の社会＝文化だというわけです。たとえば、明治政府も西洋の政体の「模倣」だと言われれば、納得できます。人もそ

うです。模倣から始まります。子どもは親の姿を「模倣」して成長します。子が親に似るのはこの「模倣」の結果なのです。

 幸せほめほめワーク

関連動画→

ここでワークをやってみましょう。
今日、起きた時間を思い出して下さい。そして今この時間・瞬間まで。この数時間の間で

◆自分を褒められること
◆幸せを感じられたこと

これを今から思い出してもらいます。
目標は目指せ10個！ 数え方は幸せと褒めと両方合わせて10個ということね。褒め7、幸せ3みたいに合計でいいんです。
書いてもいいし、書かなくても指を折って数えるだけでもいい。書くと1分じゃ足りないかもね。
では**1分間で目指せ10個**、やってみてください！ スタート!!!

はい、1分経ちました。

どうでしたか？ 何個出ましたか？
0～3ぐらいの人は「1分間で10個って難しい！」と思いましたよね。その人からすると、10個できた人ってすごいと思わない？

「10個も幸せ感じられたの？ 10個も褒めるところがあったの？」と不思議ですよね。では、10個の人は、何に幸せを感じられたか、過去の回答を例に出してみましょう。

「朝起きれた」「車で事故らずに駅まで行けた」「遅延したけど予定の時間に間に合った」「今日、晴れてたから幸せ」「お昼ご飯が美味しかった」「ちゃんと本を最後まで読めた」「道に咲いてた花が綺麗だった」「化粧のノリがよかった」「言われてた書類をちゃんと期日までに提出できた」「妻が今日も元気だった」「今、元気に生きている」「奈々先生と出会えた」

これは、今まで研修や講演でこのワークをした時の回答から抜粋しました。
このワークで0〜3個だった方からこう聞かれました
「えっ、そんなことで幸せを感じていいの？」
「そんな些細なことで自分を褒めていいの？」
はい。いいんです。

【幸せ・褒め】の基準は自分で決めていい。ということを覚えておいて下さい。
その幸せのハードルとか褒めのハードルを設定しているのは、自分なんです。「こんなことに、幸せを感じちゃ駄目じゃないかな」とか「こんなこと、褒めるに値しないんじゃないかな」と決めているのは自分です。
だから、自分を褒めるハードル、幸せのハードルをぐーっと下げて、どんどん幸せを感じちゃってください。**どんどん自分を褒めてください。**

0個だった人たちも先程の回答例を自分に置き換えると、いくつかは当てはまりませんか？ 朝起きられた自分を褒めてあげる、晴れているだけで幸せ、誰かに出会えただけで幸せを感じる。そうやって些細な事から幸せになっていいし、当たり前のことをちゃんと褒めてあげましょう。

また**【人は幸せそうな人に魅力を感じる】**というこれも無意識レベルでの習性

があります。「私って不幸、辛い。苦しい」と思っている人にはあまり魅力を感じない。「私、幸せ♪」と思っている人に魅力を感じます。

いま、この瞬間に幸せを感じられるようになると、未来も、どんなことがあっても幸せでいられます。いま、この瞬間に満足できない人は、いつになってもどんな幸せなことがあっても満足はせず「もっと」と思ってしまいます。

独身で悩んでいる→結婚できたけれど子どもを授かってないことで悩む→子どもが生まれても子どもの成長で悩む→子どもが結婚できていないことで悩む→結婚したら孫が居ないことで悩む→エンドレス……終わりのない「もっと」の呪いにかかってしまいます。

私は、「男に生まれて女になって」という人生でしょう？
テレビや雑誌のインタビューを受けたときに、「奈々さんは努力の人ですね」「奈々さんはとても大変な人生だったんですね。生まれ変わるなら、次は女の子で生まれてこられたら幸せですね」と言われたことが何回かあるの。
でもね、私はこの人生に生まれてものすごく幸せだと思っているの。
私はこういうふうに生まれたから、今の自分になれたと幸せを感じられているのね。
こう生まれたから、あなたと出会えたわけじゃないですか。
こう生まれたから、今の主人と結婚できた。幸せになれた。
だから私は、次に生まれ変わっても、このままで、オネエでいいと自信を持って言えるんですね。
そしてそう思えると「オネエ」として生まれても幸せな人生だし、「女性」として生まれても幸せな人生になるし、「男性」として生まれても幸せな人生になる。なぜなら私は今、幸せをだから。

幸せとか褒めるというのは、他人基準じゃなくて自分基準。「私、幸せ」と思ったら、その人は幸せなんです。
晴れているだけで幸せなんて、一年の半分以上は幸せを感じられるものね。そ

れでいいの。
そういうぐらいに軽く、深刻になりすぎず、自分の幸せをいっぱい感じちゃっていいということ。自分を許していい。自分に許可を与えること、忘れないでいただきたいと思います。

と、このようなお話しをある講演会で伝えたところ、講演終了後にある参加者から
「私はそんなことで自分を褒めたくはありません」
「そんな簡単に自分のことを褒めてしまったら、自分の成長が止まってしまう」
というご意見をいただいたことがあります。
彼女は講演中も一番前の席に座り、一生懸命メモをとり……
彼女の行動を少し見ただけですが、とても頑張り屋で真面目なんだなということがわかりました。
私は彼女に伝えました。

「些細なことで自分を褒めることは、怠けるとかサボるとか言っているわけではないんだよ。自分を褒めるということ、自分が頑張っていることを認めてあげることは、幸せに生きていく上でとても大切なんだよ。
あなたも毎日頑張っているんでしょ？ 成長したいと思っているんでしょ？ だったらその気持ちを持ち続けることができたということで、まずは自分を褒めてあげて欲しいな」と。

彼女はその場で泣き出してしまいました。
彼女は小さい頃から、ご両親に「頑張れ」と言われ続け、テストでも100点をとらなければ褒められないよう環境で育ち、目標に到達しても自分を認めず「まだまだ！」と思い、次の目標を決めてまたそこに到達してもまだダメだ……を繰り返す人生を送ってきたそうです。

本当はとても辛かったけど頑張らなくてはいけないと思い今まで生き続けてきた。そんな時に「自分を褒めていい」という私のアドバイスを聞き、受け入れられなかった。

皆さんの中でも、彼女と同じような人生を送ってきた人、今現在送っている人は多いのではないかと思います。

でもね、**自分に優しくなることができなかったら、人生は辛いものになります。**
自分を認めてあげること、自分を褒めてあげることができなければ、なにをどれだけ頑張っても幸せにはなれないんです。

現状維持と聞くと、なんだかサボっているように思えるかもしれません。
でも、**現状維持ができている人は、現状維持を頑張っている人**なんです。

自分を認めることができない人は周りの人にも牙を剥くことになります。
「私はこれだけ頑張っているのに、みんなは私のことを認めてくれない……」
「私はこれだけ頑張っているのに、褒めてくれない……」
「なんであの人は頑張ってないのに幸せそうなの？ なんかズルしてるんだわ」
「それくらいで頑張ってるとか辛いみたいなこと言わないでよ！ 私はもっと苦労してきたわ！」
このような態度をとってしまう可能性があります。
だれでも自分を褒めて欲しいと思いますよね。認めて欲しいと思いますよね。
だからこそ、誰よりも先に自分を自分で褒めてあげませんか？

> **鈴木先生の解説**
>
> ●「幸せ」とは相対的なもの、「不幸」も相対的なもの、「社会」も相対的なものです。「相対的」の対義語が「絶対的」です。「相対的」とは「他との関係において成り立つさま」、つまりコミュニケーションは「相対的」といえます。「絶対的」なコミュニケーションはありません。「絶対的」な幸せや「絶対的」な不幸もないのです。

4-07　有意識　無意識

関連動画→

ここに階段の図形があります。
一番下のところに【無意識】その隣に【無能】と書いてください。
ここは（知らないしできない）知らないということさえも知らない状態です。

その上に【有意識】その隣に【無能】と書いてください。
ここは（知っていてもできない）知識を得ましたが、それを実践することはできない状態です。

その上に【有意識】その隣に【有能】と書いてください。
ここは（考えるとできる）ある程度できるようになってきたが、まだ習慣化されておらず、それを行うためにはある程度の集中力が必要な状態です。

一番上に【無意識】その隣に【有能】と書いてください。
ここは（考えなくてもできる）意識しなくても自動的に実践することができている状態です。

学び・学習はこの階段で、こういう成長の仕方をしていきます。
これはコミュニケーションや心のことだけではありまません。

私は主人との同棲時代に生まれて初めて【お弁当作り】をやりました。主人の仕事柄お弁当が必要だったので私は頑張ってチャレンジしました。
料理はそこそこやっていたので大丈夫かと思っていましたが、お弁当はまた勝手が違います。
そう、これが【無意識・無能】（知らないしできない）知らないということさえも知らない状態でした。

なので最初はレシピを見ながら、一つずつ丁寧に丁寧に作っていました。
それでもなかなか難しくて、レシピ通りに作っているのにうまくいかない。
「できないなー」「私こんなに料理下手だったっけ？」とかいう時もあったの。
しかも朝、眠いしね。最初はお弁当１つ作るのに１時間近くかかっていましたよ。これが【有意識・無能】（知っていてもできない）知識を得ましたが、それを実践することはできない状態です。

でそこからすっごく頑張って、勉強して、意識的にどんどん取り組んだら、ふとした時に「あ、ちゃんと綺麗に美味しく作れるようになった」とコツがわかってきました。これが**【有意識・有能】（考えるとできる）** ある程度できるようになってきたが、まだ習慣化されておらず、それを行うためにはある程度の集中力が必要な状態です。

失敗だらけの ザワザワ期 努力 根性 覚悟 自信無い 悩む 辛い もがき苦しむ		
	無意識	有能
	有意識	有能
	有意識	無能
	無意識	無能

そこから毎日作り続けて数ヶ月か数年か。
朝眠いと思っていても、ちゃっちゃっとやってパッパッ♪ 全然意識していなくても、頭の中ポケーとしていても、鼻歌歌いながら綺麗なお弁当ができるようになりました。それが**【無意識・有能】（考えなくてもできる）** 意識しなくても自動的に実践することができている状態です。

そして、この学びの階段、成長の階段を上がる時には必ず通る道があるんです。
辛くて険しい失敗だらけの「ザワザワ期」 それがこの真ん中2段です。

もーーーーザワザワするの。努力、根性、覚悟の精神で一生懸命やっているのに、まー失敗だらけ。
失敗して自信無くすし、悩みまくる。もがき苦しみます。
でも、そういうもんなんです。
「そういう時期なんだ」って思っておいてほしいの。

みんなこのザワザワ期で辛いから学びを辞めちゃう。ここで成長を諦めちゃうの。でもここのザワザワ期は必ず訪れるから、**ザワザワ期さえ楽しんじゃう。それがコツです。**

例えば甲子園。甲子園って美しくないですか？ 頑張っている姿が。

私あんまりメジャーリーグとか、プロ、興味ないんです。アーティストとかも、インディーズの子達が好きなのよ。メジャーにいく前の。

技術的にはメジャーリーグとか、プロのアーティストの方が絶対に腕やスキルは上ですが、私は頑張っている姿を見るのが好きなの。

頑張っている人たちを応援するのが好きだし、甲子園球児が泥だらけになりながら筋肉パンパンになりながら、傷だらけになりながらもがき苦しんでいる、その姿が私は美しいなって思うんです。人って本当に美しいなと心から思います。

だからみんなもザワザワ期を「私は今、美しい時だ!」「美しく生きているんだ」と思っちゃって欲しいな。

みんななぜかザワザワ期を通らずに、一番下の【無意識・無能】から【無意識・有能】にハイパージャンプしようとしちゃうんですよね。そして、一番上までハイパージャンプできると思っている。

できないから! 無理ですから! そこはね、諦めてね。
このザワザワ期は諦めて楽しんじゃいましょう。

いっぱい失敗しよう
―― 失敗してもあなたの魅力は変わらない むしろ輝く

関連動画→

本書では、コミュニケーションについて、いろいろなことを私の方からお話しさせていただきましたが、まず、**焦らないでください。**

なぜかというと、**コミュニケーションは失敗しやすい。**むしろ失敗すると思った方がいい。失敗するものなんです。

コミュニケーションは数学や国語の漢字書き取りなどのペーパーテストとは違

います。ペーパーテストは一生懸命学んで正しい答えを書けば、正解して点数がもらえる。でもコミュニケーションは、一生懸命学んで実践しても、思ったとおりの反応が返ってくるとは限らない。

むしろ「一生懸命やったのに、なんかうまくいかないのかな？」ということの方が多いのです。それはなぜか。

コミュニケーションはスポーツと同じなんです。

例えば野球部に入るとき、同じ友達のＡくんが「僕も野球やりたい！　野球うまくなりたい！」と一緒に入部したとしましょう。

でも、Ａくんが、一回も部活に来ないで、本屋さんで買ってきた「野球がうまくなる本」とか「野球必勝本」とか、プロ野球選手の自叙伝とかを読んで、一回も部活に来なかったら、その人は野球がうまくなるでしょうか？

ならないよね。スポーツで例えると「そりゃそうだ。当たり前じゃん」と思いますよね。コミュニケーションも一緒です。

「コミュニケーションがうまくなる本」「コミュニケーション必勝本」を読むと、ちょっと学んだ気になるけれど、それで人間関係がうまくいくようになるのはちょっと難しい。

どうしたらいいかというと、スポーツと一緒で、練習していかないといけないのね。野球がうまくなりたいのだったら、毎日ちゃんと一生懸命部活に出て、泥だらけになりながら、失敗を繰り返しながら練習する。

ちょっとうまくなったなと思ったら、ほかの学校と練習試合するよね。

それでも失敗して負けちゃうことはある。それでも、どうしたらいいだろうなと、またみんなで練習して練習して、ちょっとずつ成長していくじゃない。

その姿が美しいから、甲子園は美しいし、多くの人に応援されて愛されているのでしょう？

コミュニケーションも同じです。

コミュニケーションがうまくなりたいな。人間関係が楽になりたいな、人に愛される人や魅力的な人になりたいな、と思ったら、**いっぱい挑戦していっぱい失敗することが大切**です。

だから失敗を恐れずに、どんどんトライしてほしい。
失敗するものなんだと思ってトライしてほしいんです。
失敗は怖いものではありません。

いっぱい失敗した方がいいんです。
失敗した人は、優しくなれるからです。順風満帆で全く失敗しないまま来た人は、後輩ができたとき、自分の子どもができたとき、失敗した相手に優しくなれないのです。
「そんなこと、俺はできたよ」「それくらい、普通できるでしょ？」と、「普通」の物差しを自分基準で決めて、「それくらいできるだろう」と責めてしまう。

でも、いっぱい失敗してきた人は、「そうだよね。最初はそこでつまずくんだよね。俺もそうだったよ。でも、そういうときにはこうしたらいいよ」と言える。
そこで声を掛けるべきなのか、見守るべきなのかも考えられる。
いろいろなことを経験してきたからこそ、相手にも助言できるようになる。
自分がいっぱい失敗したからこそ、相手に優しくなれる。
相手に心を傾けられるようになる。それがとても大切ではないかなと思います。

私もいっぱい失敗してきました。私は10代でお店を任されてママになったの。
でも1年足らずでお店はつぶれちゃいました。借金も抱えました。
それでもまだ頑張りたいなと思って、また修業して修業して、21歳の時にもう1回お店を出しました。でも、またダメでした。
時代の流れで大不況になっちゃって、その上自分も天狗になっちゃったのね。
私はこれだけ修行して失敗しても頑張ってきたんだから、と天狗になってスタ

ッフに優しい声をかけられませんでした。そして失敗しちゃって、人がどんどん離れていきました。
お客様を喜ばせたい一心で、お客様とのコミュニケーションはできたのだけれども、仲間や彼氏、友達はどんどんいなくなっちゃって、本当に一人ぼっちになっちゃった。電話も誰も出てくれない。ストレスで半年間、顔が右半分麻痺したこともありました。

コミュニケーションを教えている私ですが、実はコミュニケーションが苦手だったんです。失敗だらけでした。

人間関係が苦手で、人と仲良くすることが苦手だったのね。
それで、「なんでだろう」「また愛されるようになりたいな」「友だちが欲しいな」と一生懸命考えた。
そして、コミュニケーションや人間関係のことを、学んで、研修して、実践しながらいっぱい失敗して、一生懸命取り組んできました。
だから、今こういうふうにコミュニケーションの講師として人に伝えられるようになったんじゃないかな、同じようにコミュニケーションに悩んでいる人たちに、すこしは心を寄り添わせられるようになったのではないかな、と思います。

だから今思えば、あの時の失敗が宝物です。
ああいう経験をしてズタボロになって、一人ぼっちになって何もできなくなった。
お店を潰して大きな借金も抱えたし、その他に1700万円ぐらいかけた体の手術も、いっぱい失敗した。胸だけで６回手術していますからね。
※基本的には１回の手術で生涯安定した豊胸手術ができます。ご安心下さい。

そういう失敗があったから、ちょっとは優しい人になれたんじゃないかなと思えます。みんなも、これからいっぱい失敗すると思う。

いろいろなことで挑戦するたびに失敗しちゃうかもしれない。でも失敗を重ねても大丈夫だから、いっぱい失敗していただきたいなと思います。
【失敗してもあなたの魅力は変わらない、むしろ輝く】と覚えておいてください。

鈴木先生のレクチャー 10

自己（self）

　社会学では、わたしのことを「自己」と呼びます。英語でいう「セルフ」です。「わたし」についてはさまざまな社会学者が論じてきました。なかでも古典となっているのが、G. H. ミードの『精神・自我・社会』です。実はこの日本語タイトルがミスリーディングなのです。社会は society の日本語訳でこれは問題がありませんが、精神の原語は mind, 自我の原語は self で、「マインド」は「意志」、「セルフ」は「自己」と訳すべきものです。ともあれ、ミードは、「セルフ（わたし）」は「I」（主我）と「me」（客我）からなると議論しています。ミードは、自己は他者との関係が自分自身の関係に転換されることによって成り立つといいます。me とは「自分自身を客体としている」視点を言います。例えば、自分は人にどう見られているかという場合の他者の視線が客我です。それを受けて身なりをかえていこうとする過程が主我の部分です。

　これをパーソンズの議論に重ねてみましょう。パーソナリティ（個人）と社会の関係はパーソンズにおいてどのように論じられるのでしょうか。ここでパーソンズが組み込んでくるのがミードなのです。例えば、アメリカ社会においては、建国以来、自由・平等・友愛というフランス革命来の近代市民社会の普遍主義的な理念が「文化」として取り出されます。その文化が社会において制度化される。その具体的な例が「公民権」や「帰化」ということになります。またその文化を内面化した個人が家庭や学校を通して社会化され、そしてそうした「市民」がより大きな平等を求めて努力していくとパーソンズは議論したのでした。

　こうして「自己」と「社会」はつながります。では「マインド」とは何でしょうか。それは今ここにある社会を「誰のための社会」なのか、「何

のための社会」なのかと反省的に問う意志といってよいでしょう。「自己」と「他者」のコミュニケーション。これが社会学の出発点なのです。

鈴木先生のレクチャー 11
セルフ・アイデンティティ（self-identity）

　わたしって何だろう。どこまでが偽りのわたしで、どこからが本当のわたしなのか。そして、わたしとあなたはほんとうにわかりあえているのだろうか。「わたしがわたしであること」＝「セルフ・アイデンティティ（自己アイデンティティ）」について、あれやこれや考えていこうとするのが、「コミュニケーション」社会学です。高校では学ばない「社会学」。これに関心を持つ人の多くは「自分へのこだわりが強い人」。わたしもそうでした。
　「わたしがわたしである」ために、「コミュニケーションの社会学」があります。最後に二人の理論家に登場してもらいましょう。一人がジュディス・バトラー。もう一人がアンソニー・ギデンズ。バトラーの専門は比較文学ですが、哲学者とも社会学者とも呼べる人です。一方のギデンズは生粋の社会学者。それもバリバリの理論社会学者です。
　バトラーを有名にしたのが『ジェンダー・トラブル』という著作です。その主張を簡略化して語るとすればこうです。「あなたはあなたでしかないのに、ジェンダーやセクシュアリティに囚われすぎてしまっている」。ジェンダー（男か女か）、セクシュアリティ（異性愛者か同性愛者か）によって、自己のアイデンティティが決定されてしまっている、というわけです。わたしは男、わたしは女。男は女を、女は男を愛する。それが自明視されている世界。これに対して、バトラーは、ジェンダーとセクシュアリティの呪縛から解放されなさい、と言います。
　ギデンズはすでに何度か出てきた『親密性の変容』という著作において、人を好きになるのにジェンダーやセクシュアリティは関係ないと言い切り

ます。「属性」(パーソンズのところで出てきました。アンケートにでてくる性別欄：「男」「女」、職業や年収も属性です) に関係なく、「あなたが好きだから好きなんだ」という親密な関係性。これを「純粋な関係」(pure relationship) と呼びました。マルクス、ウェーバー、デュルケム、パーソンズといった古典社会学をあれこれ議論していたギデンズが「コミュニケーション社会学」のど真ん中に議論を投げ込んできたものですから、とても衝撃的な本となり世界中で読まれました。

バトラーとギデンズは「あなたはあなたのままでいい」といいます。奈々さん、そしてわたしも。

おわりに
〜言葉はプレゼント〜

本書の言葉は、私一人の言葉ではありません。

私が今まで出会ってきた先輩やお店のママ、お客様や両親、兄弟、友達、主人、私と出会ってくれた多くの素敵な方々に、数えきれない程のたくさんの言葉をプレゼントして頂きました。

私が悩んでいたときに頂いた言葉が、今でも心に残っています。

色々な人から言葉のプレゼントを頂いたから、
「私も誰かに言葉をプレゼントできるようになりたい」と思い、講師になりました。

今でも忘れられない言葉があります。

１つ目は、私の水商売の母、真沙美ママから頂いた言葉。

「男より男らしく、女より女らしく、そして人間らしくありなさい。そしてそこにオネエのユーモアを加えるの。それがあなたの自分らしさになるわ」
私がデビューしたお店のママから頂いた言葉です。
当時、若かったころの私は、"女性らしくならなきゃ"とばかり考えていたので、この言葉はとても新鮮でした。ただキレイなだけ、ただ歌が上手いだけ、芸事ができるだけでは、この世界だと通用しない。「オカマだから」で許されるわけじゃない。この仕事はちょっとした覚悟さえあれば誰だってできると思うんです。

でも、人と人の関わりになっていくと、自分をしっかり持って、世間一般の常識というモノも肌で感じておかなければ、続けるのはかなり厳しかったりするんですよね。
そして私達の業界は男性・女性両方が楽しみに来てくださるので、
時には男より男らしく、時には女より女らしく、中間色だからこその魅力が大切になります。
そうするとオネエだとかオカマだとか、そういうことは関係なく、人間として、かならず相手も受け入れてくれるんです。
だから、私はオネエとして生まれたことを、普通の人よりプラスアルファーをもらって生まれたと考えるようにしています。
もし生まれ変わったとしても、またオネエとして生まれたい。
この性に、この生き方に誇りを持てたのは、真沙美ママから頂いた言葉のおかげです。

2つ目は、私を産んでくれた母から頂いた言葉。

小学生の私がまだ「自分で自分のことがわからなくて」悩んでいた時。
どうしたらいいのかわからない、先も見えない、自分ってなんだろう？ 自分は変なのかな？ と不安で不安で、悩み続けていました。
そんな時、母に憤りをぶつけてしまいました。
「なんでお母さんは僕のことわかってくれないの？」
そう、まだ少年だった私には母の存在はとても偉大で、母は全てを知っている、母なら私の悩みを解決してくれると思っていました。そんな時に母は
「わかってあげたい。でもね、お母さんもね【お母さん】をやるのはじめてなの…」
でも私はその時拗ねていたので
「でも、お兄ちゃんがいるじゃん！ お兄ちゃんがいたからお母さんは2回目でしょ！」
ほんと、今思うと拗ねた子どもでした。でもそんな私の拗ねた言葉に母は優し

くほほえみながら
「お母さんはね、【お兄ちゃんのお母さん】はやったけれど【あなたの母さん】をやるのは、はじめてなんだよ。だからわからないこともあるんだ。だから一緒に考えようね」
私は雷に打たれたような衝撃でした。そして涙が止まりませんでした。
母は「親とはこうあるべき」「立派な母親であるべき」という自分への矢印ではなく、まっすぐ私に矢印を向けて接してくれている。この**「自分ではなく、相手に矢印を向ける」ことの大切さ、等身大でカッコつけてない言葉の大切さ**を教えてくれました。

3つ目は、主人のお母さんから頂いた言葉です。

息子が、よりによって性転換をしたニューハーフと結婚する──当然の事ながら、大事件です。
「子どもができるかできないか」それは、やっぱり避けて通れない大きな障害だから。
でも、主人のお母さんが「私は孫の顔が見たいんじゃない、息子の笑顔が見たいんだ！」と言ってくれたんです。
ここまで息子がニューハーフと結婚するという事実にここまで理解を示してくださるご両親は、滅多にいないでしょう。
「奇跡」と言ってもいいくらい。

そして結婚する前、彼のお母さんから「たまには2人で飲まない？」と誘われたんです。その中で言われた一言が、今でも忘れられません。

「奈々ちゃんは、今までたくさん大変なことや苦労をしてきて、今ようやく幸せをつかもうとしてるよね。そうしたら、その幸せを自分一人だけのものにしないで、奈々ちゃんに続く次の人たちにも、その**【幸せ】を伝えてあげてね**」

おわりに

当時の私は、結婚を前に自分の中のケジメとして水商売も辞めていたので、結婚を機に家庭に入って普通の主婦、普通の女性として生きていったほうがいいのかなと思っていたところだったので、お母さんの言葉はとても大きな意味があったんです。

教科書ではなくリアルな現場から学んだことを、次の人たちに伝えていきなさい、と背中を押されたんですよね。

私は、お母さんの言葉をきっかけに、大学の教壇や、学校、企業研修、講演、テレビやメディア、【表】に出て自分の想いを人に伝えることに、それまでよりもっと前向きになれたんです。

言葉のプレゼントを、いま悩んでいる人に届けたい。

これからも私は言葉のプレゼントを届け続けます。

文献案内

1．マックス・ヴェーバー『社会学の根本概念』（清水幾太郎訳　岩波文庫）

　小さい本ですが、「定義集」なので、最後まで読み進めるのに苦労します。「社会学の根本概念」がびっしり書いてあります。さしあたり「第二節　社会的行為の種類」は読んでおきましょう。

　読み物としておもしろいのは、何といっても『プロテスタンティズムの精神と資本主義の精神』です。岩波文庫版に加えて、新訳でも読めるようになりました（あまりコミュニケーションには関係しませんが…）。

2．エミール・デュルケム『社会学的方法の規準』（宮島喬訳　岩波文庫）

　これも「方法論」の本なので、最後まで読み進めるのに苦労します。そしてこれもコミュニケーションについては、ほとんど何も語ってくれていません。でも、本書でも何度か登場してきた「価値」。価値は人びとを一つの社会にまとめあげるもの。でも見えません。どの価値を信じるかは、その人次第。価値観も見えません。デュルケムはこの本の中で、見えないものをどのようにして見えるものにするかをわたしたちに教えてくれています。

　読み物としておもしろいのは、何といっても『自殺論』。論客タルドの「自殺模倣説」に対して、デュルケムは真っ向勝負を挑みます。デュルケムの出した結論はこうでした。「社会的規範が強すぎても弱すぎても、人は自ら死に走る」と（こちらもコミュニケーションにはあまり関係しませんが…）。

3．ゲオルク・ジンメル『ジンメル・コレクション』（北川東子編訳・鈴木直訳　ちくま学芸文庫）

　ジンメル社会学の格好の入門書。19本のエッセーからなり、どこからでも読めます。本書の監修にあたり、わたし（鈴木）が一番参考にしたのは、ウェーバーでも、デュルケムでも、パーソンズでもなく、ジンメルでした。本書との関

連でいえば、第1部は必読。第2部は、「取っ手」「橋と扉」「ヴェネツィア」「額縁」といった名エッセーが並びます。第3部、「美学」（美しいもの）に関するエッセー、第4部「社会学」的エッセーと続きます。前に述べた「文化の対称性」について、ジンメルが重厚な洞察ながらも軽やかに書いてくれています。まっさきにこのジンメルを読むべし！

4．タルコット・パーソンズ『社会的行為の構造』（稲上毅・厚東洋輔・溝部昭男訳　全5冊、木鐸社）

　コミュニケーションを原理的に考えるとき、この本は必読です。しかし厚すぎます。まず、第1分冊の序論と第5分冊の結論を読み、マーシャル論とパレート論を飛ばし、デュルケム論（第3分冊）とウェーバー論（第4分冊）を読みましょう。たいへんな苦行になるかと思いますが、この本を読み切れば、社会学のどんな理論書でも容易に読めるようになります。

　以上、古典の4冊を「参考文献」として挙げておきます。日本の「コミュニケーション社会学」については、アマゾンあたりで「コミュニケーション　社会学」で検索をかけてみてください。いや、書店で「社会学」のコーナー（大きな書店にしかありませんが）で、実際手に取ってみてください。自分にフィットする本から読み始めるとよいでしょう。

《著者紹介》
吉井奈々（よしい なな）
一般社団法人JCMA　代表理事
コミュニケーション講師
元男性でありながら、女性として結婚をして幸せを手に入れる。10代から水商売・ショービジネスの経営にも携わり、結婚を機に水商売を卒業し、現在はコミュニケーション講師として活躍する。また、筑波大学や早稲田大学を始めとする、数々の有名大学でも教鞭をとる。全国200校を超える中学校・高校で、学生向けの講演、教員向けの研修、PTA向けの講演を行っている。「相手も自分も大切にするコミュニケーション」は自信の作り方、自分らしく生きる考え方、LGBT人権教育や薬物乱用など、誰しもが抱えがちな心の問題、悩み、不安を解消する考え方を伝えている。
毎年多くの生徒から人気を集め、「また来年も聞きたい講演No.1」に選ばれる。
日本全国の企業に呼ばれ、数多くの社員研修にて現場で実際に使えるコミュニケーションスキル、スタッフの育て方、そして「また会いたい人になる方法」など、教科書ではなくリアルな現場から学んだコンテンツは年齢性別問わず、学んだその日から行動に移せる再現性の高い内容で、参加者の満足度が97％を超えている。
NHK・Eテレの教育番組「Rの法則」や、日テレ「解決ナイナイアンサー」レギュラー出演など、数多くのメディアに出演。発信しているYouTubeの映像は1日10万時間以上再生され、総再生回数は600万回を超すコミュニケーションYouTuberとして多くの情報を発信している。

《解説者紹介》
鈴木健之（すずき たけし）
1995年、法政大学大学院社会科学研究科社会学専攻博士後期課程修了、博士（社会学）。明の星女子短期大学専任講師・助教授、盛岡大学文学部助教授・准教授、目白大学短期大学部教授、山梨大学大学院教授を経て、現在、立正大学文学部教授。著書に『社会学者のアメリカ』（恒星社厚生閣）、編著に『行為論からみる社会学』（晃洋書房）、訳書にジェフリー・アレクサンダー『ネオ機能主義と市民社会』（恒星社厚生閣）などがある。

イラストレーター・内田智穂
協力・All About

相手も自分も大切にする
コミュニケーション＋社会学

2018年4月20日　初版第1刷発行　　＊定価はカバーに
2022年9月5日　初版第4刷発行　　　表示してあります

著　者　吉　井　奈　々　Ⓒ
解　説　鈴　木　健　之
発行者　萩　原　淳　平

発行所　株式会社　晃　洋　書　房
〒615-0026　京都市右京区西院北矢掛町7番地
電話　075(312)0788番(代)
振替口座　01040-6-32280

装丁　谷本豊洋　　　　印刷・製本　共同印刷工業㈱
ISBN978-4-7710-3047-3

JCOPY　〈(社)出版者著作権管理機構　委託出版物〉
本書の無断複写は著作権法上での例外を除き禁じられています。
複写される場合は、そのつど事前に、(社)出版者著作権管理機構
（電話03-5244-5088, FAX 03-5244-5089, e-mail: info@jcopy.or.jp）
の許諾を得てください。